入社3年目の心得

PRINCIPLE
OF ASSOCIATE

クリエイトJ株式会社 代表取締役
堀田 孝治

SOGO HOREI PUBLISHING CO., LTD

はじめに

入社3年目がターニングポイントでした。いま振り返れば、そのことがはっきりとわかります。しかし、当時の自分は、そのことに気づくことができません。

（このままでいいのだろうか……）

そんな漠然とした不安は、入社3年目の私にもあったと記憶しています。しかし、当時の私は立ち止まらず、振り返らず、自分の現在地もわからぬまま、方向を変えずにそのままズルズルとビジネスキャリアを重ねていきます。

その結果、私を待っていたのは、「最悪中の最悪」の失敗でした。

当時30歳の私は、会社に行くことができなくなり、9カ月休職してしまうのです。

私をそこまで追い込んだ問題は何なのか……。少なくとも、**その問題は、間違いなく、「私」と「仕事」との間**にしか、ありませんでした。

そんな私は、いま企業研修の講師をメインの仕事にしております。受講者は、ほとんどが**入社3年目**を中心にした若手のビジネスパーソンたちです。その人たちを前に、私は2日間、「7つの行動原則」というプログラムで、「**入社3年目の自分に聞かせたかった話**」をします。

（この人は、いったい何の話をしているのだろうか……）

最初はみな、キョトンとしています。初日の研修が終わっても、まだ半信半疑で、モヤモヤとしている人がほとんどです。

しかし、2日間の研修が終わると、

「悩んでいたこのタイミングで受講できて、本当によかった！」

「ありがとうございます！　危うく、堀田さんと同じ20代を過ごすところでした！」

「自分の中のモヤモヤが晴れました！」

「『**仕事の本質**』をはじめて知ることができました！」

「自分の『**OS**』がまったく機能していないことに気づけました！」

「ちょっとは仕事ができると自分では思っていましたが、裸の王様になりかけていることに気づかせていただき、大変感謝しています」

「はじめて、**『変わりたい』**と心から思えました！」

などとアンケートに書き、スッキリとした顔をして、自分の現場へと向かっていきます。20年前の「入社3年目の自分」に聞かせたい話が、はたしていまの入社3年目の方々にも役に立つものなのか……。

この「**7つの行動原則**」プログラムでの研修をはじめた当初は、私自身、半信半疑でした。しかし、これまでのべ1万人くらいの人たちに受講していただいたいまは、その有用性を確信しています。

入社3年目の悩みは、不安は、迷路は、いまも昔もほとんど変わりません。3年目に、やっておくべきことも変わりません。「原則」は不変なのです。「目からウロコ」で「ギクリ」として「ハッと」する若手ビジネスパーソンを毎日のように見るたびに、「昔の自分にも聞かせてやりたかったなぁ」とつくづく感じます。

これからお伝えするお話は、入社3年目だけでなく、5年目でも、10年目でも、30年目でも、十分に役立つ話です。ビジネス28年目に入った私自身が、いまでも日々大事にしていますし、まだまだ途上のものですから。

いまの入社3年目を取り巻くビジネス環境は、私の3年目より間違いなくタイトになっています。

そして、5年後、10年後、30年後の不透明感も、私のころとは比較になりません。ですから、いいものには早く出会うにこしたことはありません。

では、なぜ**「新入社員の心得」ではなく、「入社3年目の心得」**なのでしょうか？

それは、ある程度のビジネス経験を持っていないと、これからするお話は、まるで学校の勉強のように知識として「わかって」しまうだけで、あまり意味がないからです。サッカーをしたことがない人が、プロのサッカー選手の話を聞いても、「へぇ、そうなんだ」と頭でわかるだけです。

しかし、3年間、必死にサッカーをやってきた人は、そんなに軽くは受け取らないはずです。私がこれからするお話も、自分が実際にしてきた仕事の「経験」と照らし合わせて、「自分ごと」として読まないと、あまり意味がないのです。

一通りの「仕事」を実際に経験した入社3年目。ここがターニングポイントです。

私がこの本で目指したのは、「入社3年目の心得」に私より早く出会えた多くの若手ビジネスパーソンたちが50歳を迎えるとき、いまの私よりもっと高く、もっと大きなフィールドで、もっと短い労働時間で、楽しくイキイキと「仕事」を満喫している……そんな姿が実現することです。

それでは、「入社3年目の心得」、いよいよスタートします。

2018年4月

堀田孝治

目次

第3章

「仕事の原則」を知る～7つの行動原則～

第4章

ビジネススキルを「原則」で使いこなす

第5章

「自己変革力」をマスターする

第6章 自分が望むキャリアを実現する

ブックデザイン　和全(Studio Wazen)
本文DTP・図表作成　横内俊彦

第1章

なぜ「入社3年目」が大事なのか

失敗の最たるものは、失敗したことを自覚しないことである。

トーマス・カーライル（歴史家・評論家）

INTRODUCTION

「やはり入社3年目が、ターニングポイントだったんだな……」

いま振り返ると、そのことが自分自身ではっきりとわかります。

しかし当時の私は、「はじめに」にも書いたように、そのターニングポイントを活かすことをせず、その後ズルズルとキャリアを重ね、その結果、30歳で休職するという大きな挫折、失敗を招いてしまうのです。

では、私のようにならないためには、どうしたらいいのでしょうか？

まず、この章では、「入社3年目にやるべきこと」をやっておかないと、その後どのような「失敗」が訪れるリスクがあるのか、30年近いビジネスキャリアの中で私が経験し、また実際に見聞きしてきた、さまざまな「現実」を直視していきます。

そして、入社3年目とはいったいどのようなタイミングであり、ターニングポイントであるのか、またそうであるなら、この入社3年目というターニングポイントで取り組むべきテーマはなにかを考察していきます。

1

「入社3年目にやるべきこと」をやっておかないと

❖入社9年目の挫折

私は大手食品メーカーで、営業としてビジネスキャリアをスタートしました。正直1年目、2年目は、とにかく毎日、「会社を辞めたい」と思っていました。

自分には歯が立たない……巨大なクライアントと優秀なライバル企業の営業担当者の前に、ただただ、自分の無力を痛感するような毎日でした。

しかし、石の上にも3年。

入社3年目の私は、いい成果（数字）を挙げ、なんと会社から表彰までされるのです。

「やっぱり堀田は、優秀だな」

「よく壁を乗り越えたな……もう大丈夫だ」

そんな周囲の声が聞こえてきます。いや、そう言っているように妄想していました。

（よかった……オレはやっぱり優秀なんだ……）

私はそれまでの自分を振り返ることなく、疑うことなく、変えることなく前を向きます。

（もう、大丈夫……）

その奥にはたしかに存在していた「不安」や「モヤモヤ」を直視せず、「**3年目にやるべきこと**」をやらずに、私はその後のキャリアを重ねていくのです。

その結果、私を待っていたのは、30歳のときに迎えた「休職」です。

目に見える、具体的なターニングポイントは「異動」でした。夢がかなって、行きたかった本社のマーケティング部門に異動できたのが、たしか入社6年目、28歳のときです。しかし、それからわずか2年で、私は休職。ノックダウンされていたのです。身体にも多少問題はありましたが、主な原因はメンタル、つまりストレスです。

その原因は、人間関係を含めた「自分」と「仕事」との間にしかありません。だって、そのとき私は独身でしたし、親元から通勤していたのですから。

（あの「優秀」な自分はどこに行ってしまったのだろうか……）

悪い夢のようだし、実際に夢であってほしいと真剣に思いましたが、残念ながら現実でした。こうして30歳ではじめて立ち止まり、自分と仕事との関係をじっくりと振り返らざるを得なくなったのです。

あらためて振り返ってみると、入社3年目近辺にいくつかの「**不吉な予兆**」があったことに気づかされました。

営業部門で表彰されたあと、異動する上司から、手紙をもらいました。そこには、たしか、こんなことが書かれていました。

「少し立ちどまって、『**土台**』をきちんと作った方がいい」

また、別な上司からは、こう言われたこともあります。

「堀田が『**作業**』ができるのはよくわかった。そろそろ『**仕事**』をしてみないか」

そして……人との衝突もストレスも、このころから明らかに増えていったのです。

このように、私は、「会社に行くことすらできなくなる」という、ある種わかりやすい挫折をしています。見事に「3年目にやるべきことをやらなかった」失敗のケースです。

しかし、私のような、わかりやすい失敗だけが失敗ではありません。もっと巧妙な、もっとリカバリーの難しいものがあります。

「入社3年目にやるべきこと」をやらなかった結果、その後、どんな「**失敗**」が起きるのか。実際に私がビジネスの現場で目にしてきたケースを、いくつか紹介してみましょう。

❖異動をしたとたんに……

入社後10年間で3カ所を経験する。そんなジョブローテーションをルールにしている企業もあると思います。

入社して大阪の営業部署に配属されます。もちろん、そこは東京の大学を出た自分にとっては、見るもの聞くものすべてが新しい世界、「**わからないことがわからない**」世界です。無我夢中に、OJTトレーナーにしがみつく1年目。自立を求められ、おっかなびっくり独り立ちをはじめる2年目。そして3年……だいたいの仕事の流れがわかってきます。

場合によっては、上司が変わったりして、上司に聞かれたことを逆に教えてあげる、なんていう状況も起きはじめています。後輩もでき、OJTトレーナーを拝命します。

（よし、もう仕事は大丈夫だ）

4年目は、得意先にも社内にも信頼され、仕事が楽しくて仕方ありません。終業後に英語のレッスンをはじめる余裕まで出てきたりもします。

そんなとき、人事から辞令が発令。東京の本社の経営企画部に異動です。通勤場所も内容も、メンバーもまったく違う部署に異動になります。

さあ、いよいよ本社でキャリアアップ、そう意気込んで新任地に赴きますが……。そこは、入社後3年間で搭載してきた**アプリ**、つまり営業の「**手順**」や「**知識**」や「**スキル**」がまったく通用しない世界です。4年も仕事をしてきているのですから、当然、周囲は一人前扱いをします。もうトレーナーなんてつけてくれるわけがありません。

（えっ……なにから、どうやったらいいんだろう……）

営業のときは、具体的にお客様がいて、ある意味、やることは明確でした。PDCAで言えば、いやでもやるべき「Do」が毎日向こうから迫ってくる世界です。しかし、本社の企画部門に、「Ｄｏ」を与えてくれる人はいません。

また、前の職場では、基本1対1のコミュニケーションができればなんとでもなりました。対お客様、対上司……そのように、マンツーマンでひとりずつ説得していけばＯＫです。

しかし、経営企画部では、1枚の計画書で、自分が会ったことがない数千人に納得してもらえなければダメなのです。どうやら、ゲームのステージが変わってしまったのです。周りの先輩がそんなゲームを、いったいどう動かしているのか……正直よくわかりません。

（仕事はもうわかった、もうできる〝はず〟なのに……）

これが、私と同じように、「**異動したとたんに**」ダメになってしまう、という第一の、実はよくある失敗のケースです。

しかし、異動してこのように下降してしまう人ばかりかといえば、そんなことはありません。ちなみに、私の異動先にはもう一人同期がいましたが、彼はイキイキと楽しそうにそこでも仕事をしていました。彼のように、異動を機にさらに上昇気流に乗れる人もたくさんいるのです。さて、その差は、その違いは、いったいどこにあるのでしょうか？

❖転職を繰り返すが……

石の上にも3年……そう言い聞かせて、がんばってきました。はっきり言って、就活が失敗だったのです。入った会社を間違えたのです。面白くない仕事、どうしても尊敬できない上司、市場でのシェアの低い担当の商品……。

(よし、転職しよう)

4年目に、一念発起し、会社にはもちろん黙って、転職活動をします。運よく、親身に丁寧に担当してくれるエージェントにも出会い、同じ業界のいわゆる「もっといい会社」への転職が決まります。

(さあ、一気にとりもどすぞ……)

ところが……その会社の仕事も面白くなく、担当商品も売れず、人間関係もいまひとつなのです。

(そうか……「業界」自体が自分に合っていなかったのか……)

一度転職すると、転職へのハードルは俄然、下がるものです。

（よし、また転職するか！）

今度は、違う業界への転職活動を開始します。今度も、すんなりと違う業界への転職を成功させます。

（さあ、これで大丈夫！）

ところが……その会社も「**なにか違う**」のです。思っていたような業界ではなく、人間関係も複雑。面白い同僚や尊敬する先輩にも出会えず、顧客の厳しい要求に四苦八苦する毎日です。

（ここも違うか……）

こうして、転職スパイラルにどんどんはまっていくのです。

これが、「**転職を繰り返すが……**」という失敗のケースです。もちろん、転職して、さらにイキイキとする人もたくさんいます。しかし、このような、転職難民になってしまう人もたくさんいるのです。

この違いは、この差は、どこから来るのでしょうか？

❖仕事ができると思っていたら……

仕事で、悩んだことなどありません。なぜなら、自分は仕事ができるからです。もちろん、周囲にそう自分が思っていることを悟られたりはしません。だって仕事ができる人なので（笑）。

入社早々、ビッグプロジェクトに配置されました。外国の国王を相手にするようなプロジェクトで、常務が先頭に立つチームです。

自信のある語学力を駆使して、議事録の翻訳もスイスイとこなします。5年目、10年目、15年目……同じビジネスモデルの中で、順調にキャリアを重ねます。責任も増し、そして、相変わらず、自分は仕事ができます。

（よし、独立しよう）

大学時代の同級生の誘いもあり、自分で事業を起こすことにしました。サラリーマンとしては、もうやり尽くしたのです。

ところが……まったくもって、歯が立ちません。打ち合わせやプレゼンはちゃんとでき、資料も作れるし調整もできるのですが、何が問題かというと……独立してわかったことですが、それではお金はもらえないのです。「仕事ができる自分」だと信じてきたのに、**具体的に、「お金を稼ぐこと」ができない**のです。

（どうしてお金にならないのだろう……こんなはずじゃないのに……）

これが「**仕事ができると思っていたら……**」という事例です。

これは、一流企業で、強いビジネスモデルの下でキャリアを重ねてしまった人に、起きがちな失敗のケースです。強い商品、市場での強い影響力……その傘の下で働いていると、自分は仕事ができる人になった気になってしまいます。

本人は仕事ができると思っていますが、ひょっとしたら、それはかつての私のように、**ただ「作業」をしていただけ**なのかもしれません。逆に言うと、弱い商品や強くないビジネスモデルで働くことは、強い「個」になるためにはとても素敵なチャンスかもしれません。

もちろん、いわゆる一流企業で、強いビジネスモデルの下でキャリアを重ね、さらに独立しても成功している方もたくさんいます。では、その差は、その違いは、いったい何なのでしょうか?

❖理不尽とストレスが……

仕事が、こんなに理不尽なものだとは思いませんでした。もちろんお金をもらってすることですから、楽しいことばかりではないと覚悟して、この世界に飛び込んできたつもりです。

しかし、その理不尽さは、想像を絶するものでした。

まず上司です。わからないことを聞きにいくと、「君はどうしたいのか?」と逆ギレしてくるのです。わからないから聞いているのに、まったくもって訳がわかりません。

本社は我々開発部門に、「コストを下げて、品質を上げてくれ」といったことばかり要求してくるのです。こんな矛盾や無理は小学生にだってわかります。

そして、正論が通用しない組織……私が「正しいこと」を言っても、周囲は煙たい顔をするだけです。

入社から3年目くらいまでは、「きっといまは我慢のときなんだろう」と言い聞かせていました。キャリアを重ねれば、年次が上になれば、このような理不尽さはなくなると信じていたのです。しかし、5年、10年、15年……理不尽さは変わりません。理不尽さは、当然ストレスとなります。お酒の量が増え、血圧も上がり、胃薬が手放せなくなってきました。

これが、「**理不尽とストレスが……**」という失敗のケースです。

さて、仕事とは、そんなに理不尽なものなのでしょうか？　そう思っている人はかつての私を含めて実際に多いでしょうし、実際、「理不尽なもの」なのかもしれません。

ただ、同じ会社で、同じ職場で、**まったく理不尽とは思わず、ストレスも感じていない人も実際にたくさんいる**のです。

「そういう人は、鈍感なんだろう……」

そんな風に、他人を決めつけてはいけません（笑）。

では、この差は、この違いは、そしてターニングポイントは、いったい何なのでしょうか？

❖そのまま、スルッといってしまう……

このケースが、一番恐ろしいかもしれません。

理不尽さも感じず、かといって「仕事ができる自分」などと思うことなく、淡々と、スルッとキャリアを重ねていける人がいます。

小さな異動はありますが、基本的には同じ専門分野でキャリアを重ねていきます。それをミスせずこなし続け、同期の平均的なタイミングで昇格していきます。ワークライフバランスも、バッチリです。

しかし……**振り返ってみると、自分の「足跡」がまったくない**のです。

ただただ、そこで月日を重ねただけで、そこに自分がいた証が、創出した価値が、見当たらないのです。ただ、「こなした」20年間。自分の爪痕も、足跡も残していない30年間。失敗をするようなチャレンジすらしなかったという「失敗」。そのようなことに、20代から60代の、人生の3分の1以上を費やしてしまう……。この失敗のケースが、私には一番悲しく、キツく感じます。

ある意味、スルッとそのまま定年まで行けてしまうのなら、まだ幸せかもしれません。こんなケースもあります。

大きな会社の関係会社で、ずっと同じ仕事でキャリアを重ねていた人がいました。関係会社なので、基本黙っていても、待っていれば仕事は向こうからやってきます。

もちろん、親会社が無理を言ってきたり、業務量が多い時期があったりとストレスのかかる場面もありますが、まあそれなりにこなしていれば、日々平穏に過ぎていくのです。

しかし、ある日、自分の会社が丸ごと、事業再編でその親会社から切り離され、まったく別の会社と統合されてしまったのです。その会社は、関係会社という立ち位置でなく、独立系の会社です。こうして、ある日突然、環境の方が１８０度変わってしまいます。今度は待っていても仕事は来ません。当然、自分で仕事をとってくるように命じられます。そして、どの仕事も複数社のコンペとなり、その競争に勝たなければもらえないのです。

そうなったときに、**40歳を過ぎてまったく何もできない自分がいた**……そんな悲しい話を聞いたこともあります。

私の20代は、わかりやすいくらいの**「失敗」のキャリア**です。復職した31歳のときは、そう信じて疑いませんでした。

しかし、いまは、強がりに聞こえるかもしれませんが、このケースと比べれば、あながち失敗だったとは思いません。あれだけ派手な失敗をしなければ、この本も、「7つの行動原則」の研修プログラムもできなかったはずです。

そして、ありがたいことに、私の研修で、仕事が、さらには人生がよりよい方向に変わったと言ってくださる方がたくさんいらっしゃいます。

サラリーマン時代を振り返れば、衝突や挫折も多く、決して順風満帆ではなかったですが、それでも多少なりとも、自分なりに足跡をつけてきた自負もあります。

異動して、残念になってしまう人と、ますます輝く人。

転職を繰り返しても幸せが訪れない人と、転職をバネに飛躍する人。

独立して苦戦する人と、イキイキと活躍する人。

同じ会社で、ずっと「理不尽」や「ストレス」を感じている人と、楽しんでいる人。

ただ日々をこなしている人と、自分の爪痕や足跡を、レガシーを残す人。

この差は、違いはいったいどこからくるのでしょうか？　私は、その**ターニングポイン**

トは、「入社3年目にある」と考えます。

POINT

ターニングポイントでやるべきことをやっておかないと、その先のキャリアでさまざまな問題が起きる

2 「入社3年目」というターニングポイント

❖ほんの少しの方向のズレが、大きな差になる

入社3年目がなぜターニングポイントなのか。

ここでいま一度、仕事における「3年目」というタイミングを考えてみましょう。

仕事という種目は、意外と、**長期戦の種目**です。大学を卒業して定年まで働く……そんなケースで考えてみましょう。

22～23歳で会社に入り、65歳まで働く、ということになります。その間は、なんと42～

43年あります。42〜43年ということで、1年を1キロに換算し、ビジネスキャリアをマラソンにたとえる人がいます。

つまり、仕事における3年目というのは、マラソンでいえばスタートして3キロ地点です。よく、「仕事は3年目までで決まる」という言葉を聞きますが、私はそれには、「半信半疑」といったスタンスです。

まず、「半疑」からいきましょう。マラソンの勝負がスタートから3キロで決する、なんていうことがあるでしょうか？

ここでの5メートルとか10メートルの差なんて、この先の39キロで、いくらでも挽回できるはずですし、キャリアトータルでみれば、「誤差」の範囲と言っていいでしょう。

しかし、一方で「半信」でもあります。なぜかというと、仕事とマラソンには、決定的な「違い」があるからです。

その違いというのは、「**マラソンは皆同じコースを走るが、仕事は皆違うコースを走る**」ということです。

たしか、30代で受講した研修で聞いた話です。正確かどうか心もとないですが、こんな質問がされました。

図表1　小さな角度のズレが、将来的には大きな差に……

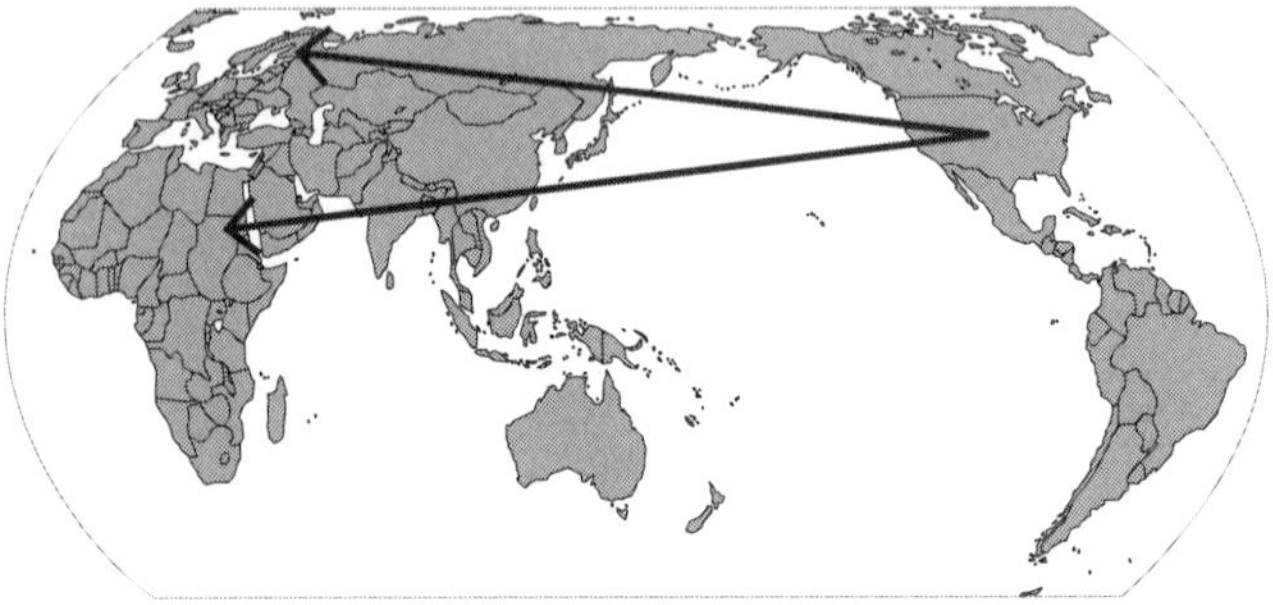

「あなたはジェット旅客機のパイロットです。いま、出発地のワシントンDCを飛び立つところです。目的地はエジプトのカイロ。西に向かって、太平洋を横断して向かう予定です。あなたはちゃんと操縦しました。しかし、飛行機の方向指示が、1度だけ北に狂っていたのです。つまり、たった360度分の1度だけ、飛行機は当初のコースより北にズレて飛んでいたことになります。さて、この飛行機は、カイロまでの距離を飛んだときに、実際にどこにいるのでしょうか？」

みなさんも、ちょっと休憩して、頭の中に世界地図を描いて、この飛行機がどこに到着するか、考えてください。

さて、答えは……。なんと「モスクワ」だ

というのです（図表1）。たった360度分の1度の差で、エジプトのカイロに行くはずが、ロシアのモスクワに着いてしまうのです。

では、本題にもどりましょう。

3年目で気をつけなければいけないのは、このクイズでもわかるように、**「スピード」というより、むしろコース、つまり「方向性」なのです。**ここでいう「方向性」は、なにも業種や職種、会社の違いだけを言っているのではありません。まったく同じ会社、同じ職場で働いていても、まったく違う方向に進んでいる人たちがいるのです。

もし、仕事での方向性が「5度」だけ違う同じ会社の同期がいたとしましょう。新人研修からスタートし、1年目、2年目、3年目と互いにそれぞれのキャリアを重ねます。

3年目のお互いの立ち位置は、まだそれほど大きくは違わないかもしれません。お互いがお互いの姿を肉眼で確認でき、声もかけあえるくらいしか離れていないかもしれません。

しかし、そのまま、キャリアを重ねていくと、40歳のとき、65歳のとき、2人はまったく違う世界にいることでしょう。間違った方向にいくら努力を続けても、間違った場所にたどりついてしまうだけです。

自分が仕事のできる人なのかどうか、どんな仕事が自分に合っているのか……。

そのようなことは、残念ながら大学生や新人研修ではいくら考えてもわかるはずがありません。野球もサッカーもテニスも、スポーツを何もやったことがない人が、「俺はサッカーができるだろうか？」「私に合うスポーツは何かしら？」と考えるのと同じくらい、はっきり言ってムリなことです。1年間くらいの経験でも、ズレや立ち位置に気づくのは、難しいかもしれません。なぜなら、まだ一人前として、ある程度の仕事をいくつか、自立して回した経験がないからです。

しかし、3年目なら、丁寧にチェックすれば、自分の現在地に、そして「ズレ」に気づけます。そして3年目なら、間違ったコースの修正も容易です。

私は、30歳で休職するに至って、はじめて「振り返る」ということをしました。そして、距離ではなく、その「**方向性のズレ**」に愕然《がくぜん》としたのです。

結果、30代は本来あるべきコースに戻すためにものすごいエネルギーを使うことになりました。「たられば」になりますが、もし私が3年目でそのズレに気づいていれば、もっと軌道修正が容易だったことは間違いありません。

❖「どこで、何をやってもできる自分」になっているか

入社3年目がなぜターニングポイントなのか。

もうひとつ言えるのは、**入社3年目とは、キャリアの「外的な変化が訪れるタイミング」**だということです。

その筆頭が「異動」です。ある日突然、いままでとはまったく違う部署に行く、なんていうことがそれなりの規模の会社だと普通に行われます。そして、その新しい部署は、下手すると（下手ではなくチャンスでもありますが）、「営業から人事へ」といったように、いままでとはまったく違う「職種」だったりするかもしれません。

異動はなくても、担当が変わるかもしれません。いままでとはくらべものにならないくらい、大きなクライアントやプロジェクトを任されたりします。

入社3年目の人と研修でお会いする機会が私にはたくさんあります。中には、初日の夜に懇親会がある場合もあり、講師の私も招かれることがあります。そんなとき私は、

「自分のキャリア、不安ですか？　安心ですか？」

と近くのテーブルの人に率直に聞いたりします。

「まぁ……そう言われれば……不安ですよね……」

そう答える人がやはり多いです（中には、「不安？　別にありませんよ！」と「自分、仕事できますから！」モードで答える人もいらっしゃいます。余計なお世話かもしれませんが、私から見ると、そう言い切る人が、かつての自分を見るようで一番不安ではあります）。

「では、何が不安なの？」

続けて聞くと、その答えは、

「異動が心配で……仕事も人間関係も……」

「後輩のトレーナーなんて、私に務まるのでしょうか……」

「40歳くらいのマネージャーが、あんなに残業しているのを見ると……」

「正直、私は他社では通用するのでしょうか？」

などと、千差万別、ある種漠然とした、未来に対するさまざまな不安が返ってきます。

では、どうしたら、それらの不安は解消するのでしょうか？

50歳になる私の結論は

「どこで、なにをやっても『仕事ができる自分』になること」

これに尽きます。

人間は基本、「変化」を恐れます。ですから、異動や担当の変更、転職、昇格などの外部環境の変化は、やはり不安の対象になるのです。

その結果、多くの人は、逆に安定・安心を「**外部環境**」に求めようとします。「もっと安定した会社に転職しよう」「将来性のある部門に異動させてもらおう」「自分を良く知っている、あの上司の下で働かせてもらおう」などなど、こんなアプローチです。

しかし、安定や安心を外部環境に求めるのは解決策としてはあまり得策ではありません。

「あの名門企業が……」というケースを、みなさんもこれまでたくさん目にしてきたはずです。

ちなみに私は「**多くの人が安定・安心だと思っているところ**」が、逆に「**一番不安になる場所**」だと考えている人間です。なぜなら、そういう場所には安定を求めるたくさんの人が群がり、結果、一番の激戦区になるからです。

私が40歳までお世話になった会社は、いわゆる「安定した業界」の中の「優良企業」です。ですから、さまざまな企業がその業界に新規参入し、会社には優秀な人財が群がってきます。業界や会社はたしかに安定していましたが、その業界や会社の中でも、競争はなかなか激しいものであったと記憶しています。ですから、**安心を「外」にではなく、自分の「中」に求めることが大事**です。

「どこで、なにをやっても、『仕事ができる』自分を作りあげておく」

そうすれば、異動しても、転職しても、独立しても、はたまた会社が傾いても、つまり外部の環境がどのように変わろうとも、その人自身が、どこで、何をやることになっても、「仕事ができる」のですから、大丈夫なのです。

私自身は、「異動」という外部環境の変化で、あっけなく自身の安定性を失ってしまいました。残念ながら「支店の営業ではそこそこ成果を出したが、本社のマーケティングはできない人」だったのです。

さて、みなさんは、私と違って、入社3年目というタイミングで、「**どこで、何をやってもできる自分**」に無事なれているでしょうか？

POINT

仕事における自分の「現在地」と「方向性」を常に確認する
外部環境の変化に翻弄されない「自分」を早期に創り上げる

本章のまとめ

- 入社3年目は、キャリアにおけるターニングポイントである
- 「スピード」の前に、自らが進む「方向性」に注意する
- 仕事の安心は自分の「外」ではなく「中」に求める
- 仕事ができる人とは、「どこで何をやっても『仕事ができる』人」
- 外的な変化が訪れるタイミングは、チャンスと考える

第2章

「どこで、何をやっても
できる人」になるには

仕事を生産的なものにするには、成果すなわち仕事のアウトプットを中心に考えなければならない。技能、情報、知識は道具にすぎない。

ピーター・ドラッカー（経営学者・社会学者）

INTRODUCTION

入社3年目というターニングポイントでのメインテーマは、「どこで、何をやってもできる人」になることです。つまり、それが、「独り立ち」の真の意味なのです。

残念ながら、私は、営業ではそこそこ成果を出しましたが、本社のマーケティング部門では、まったく歯が立たずに挫折してしまいました。まさにターニングポイントを活かせず、やるべきことをやらなかった実例です。

では、私と、「どこで、何をやってもできる人」との違いは、いったいどこにあるのでしょうか？

それは果たして、スキルや、知識、思考力などの能力の差なのでしょうか？

その解決策は、スキルアップトレーニング、資格の習得、留学、といった努力なのでしょうか？

実は、その決定的な違いは、このような私の想定とは、まったく別なところにあったのです。

この章では、「どこで、何をやってもできる人」の正体を明らかにし、そうなるために必要な努力の「方向性」を考察していきます。

1

「種目」が違えば、やることも変わる

❖「知識」や「スキル」「能力」の差だけなのか

「仕事ができる人」というのは、「どこで、何をやってもできる人」です。

私が30年近く見てきた中で、真に仕事ができる人は、悔しいですが、私のように「異動した途端にダメになる」といったことがありません。営業からマーケティングに行っても、マーケティングから人事に行っても、日本からブラジルに行っても、「仕事ができる」のです。

休職後に復職した私は、「自分と、そのような人たちとの違い」を血眼になって探し求めました。なぜなら、その違いがわからないと、その人たちのようになれないと、今後も異動が当然あるこの会社の中で、サバイバルできないからです。

（知識が違うのか……スキルが違うのか……頭の良さが違うのか……）

私が最初に目をつけたのは、知識やスキル、そして思考力などの能力の差です。

私は営業からマーケティングに異動して、ダメになりました。白状すると、マーケティングの本をきちんと読んだこともなかったのです。

（やはり「知識」の差か……）

復職した私は、すぐに支店の総務部に異動になりました。これまた、まったく未体験の仕事です。総務部は「総ての務め」とはよく言ったもので、部署の中には、人事や経理、庶務、車両管理、レイアウト変更など、支店の営業以外の「総ての務め」があります。

（経理の本を読まなきゃ、労働基準法の本を読まなきゃ……）

今度こそ同じ轍《てつ》を踏まぬように、本屋さんで経理や労務の本を購入し、嫌々ながら読みはじめました。

もちろん、知識はないより、あった方が絶対に有利です。マーケティング部門に行くことがうすうすわかっていたのに、マーケティングの本を1冊も読んでいないなんて、厳しい先輩の言葉を借りればたしかに「論外」でしょう。

幸か不幸か、復職したての私に与えられたのは、経理処理のインプットや、営業車両のアナウンスなどのいわゆる「作業」でした。本を読まなくてもできるものばかりです。肩すかしを感じながら、しかし、2度の失敗は許されない私は、必死に目の前のことをこなしました。

しばらくして、私は、「あること」に気づかされます。

私のいる総務部門に、私のあとに、異動してくる先輩がいらっしゃいました。営業やマーケティングでバリバリとやっていた先輩たちが、やってこられたのです。その先輩たちは、自身が総務の仕事をすることを、まったく予期していませんでした。

そして、先輩たちは、私と違って、いきなり難しい判断を含む、〝仕事〟を与えられました。その先輩は……本を読む間もなく、その仕事がいきなり「できた」のです。

❖仕事ができる人とは、ここが違った

　仕事ができる人は、異動しても、知識がなくても、ちゃんと仕事ができる……。

　そんな姿を目の当たりにしたのですから、どうやら「知識・スキルの差」という私の原因仮説は、ハズレとは言わないまでも、「大当たり」ではないようです。

　では、いったい自分とその人たちとの違いは何なのか……。その「答え」は、ある日の会社での昼食時に、突然やってきました。

「あのなぁ、お客さんは自分が勝てる人に会いたいのよ。だから、**いかにお客さんに勝ったと感じてもらうか**が、営業の腕の見せどころじゃないの？　それなのに、お客を論破しちゃうなんて、おまえ、それは最低の営業だよ……」

　と別なテーブルから、先輩が後輩に向かってあきれながら語っているのが耳に入ってきたのです。その言葉を聞いた瞬間、ドキッとするとともに、ハッとした気づきが自分の中に起きました。

（俺も、お客さんに勝とうとしていたんじゃないか……他部署にも、本社にも、常に勝とうとしたから、結果的に大負けしたのではないのか）

（知識やスキルは大事。でも、もっと大事なのは、「ここ」かもしれない）

そう思って、そういう目と耳で注意深く聞いていると、同じようなことが、次から次へと飛び込んでくるようになりました。

「勉強じゃあるまいし、**仕事にはそもそも唯一の『解』や『正解』なんてあるわけない**の。だから、**みんな違う『答え』を言ってあたりまえ**。『人によって言うことが違う！』と文句を言われてもなぁ……」

「**仕事での決断っていうのは、『半分の人に嫌われる』ということ**じゃないの？　他人の評価を気にして、万人に好かれようなんて思っていたら、決断なんてできないよ」

「仕事ができる人」と私には、スキルや知識以上に、〝決定的に〟違う点があることがわかりました。

仕事ができる人は、私と違って、

「**仕事という種目がなんなのかを、自分なりにきちんと理解している**」

のです。自分がやっている種目を理解しているから、その種目に合った行動を選べる。だから、その行動が、努力が、どこで、何をやっても報われる……

それが、「どこで、なにをやっても仕事ができる人」の共通点であり、正体だったのです。

❖私の「失敗の本質」

いままで「野球」しか球技がなかった国に、「サッカー」という種目が上陸してきました。

あなたは、おもしろそうなので、野球からサッカーへの転向を決意します。いきなりグラウンドに連れていかれると、広いグラウンドに敵味方含めて20人くらいの人が立っていて、真ん中には、野球で使うより大きなボールが置いてあります。

笛が鳴り、いきなり試合がはじまります。

もし、あなたが、野球のように、ボールを手で扱ったら、どうなるでしょうか？

もし、あなたが、野球のように、ボールをバットで打ったら、どうなるでしょうか？

もし、あなたが、野球のように、一球ごとに監督の指示を求めたら、どうなるでしょうか？

その努力は、絶対に報われません。なぜなら、野球とサッカーは「違う種目」だからです。

では、「野球とサッカー」を、「勉強と仕事」に置き換えてみましょう。勉強では大活躍した有望な新人が、あなたの会社に入ってきます。始業のベルが鳴り、いきなり仕事がはじまります。

もし、彼が、勉強のように、**問題が配られるまでじっと待っていたら**、どうなるでしょうか？

もし、彼が、勉強のように、**唯一の正解を上司に尋ねたら**、どうなるでしょうか？

もし、彼が、勉強のように、**自分だけがいい点をとろうとしたら**、どうなるでしょうか？

自分が何の種目をやっているのか、その正体がわかっていない人は、こんな失敗をするのです。そして、本人は、恐ろしいことに、そのことを**「失敗」だと自覚できないという「失敗」**をさらに重ねたりします。

「なんで、手を使ってはいけないんですか？」

「なんで正解を教えてくれずに、『お前はどうしたいのか』なんて逆に聞くんですか？」

などとイライラし、ストレスを感じ、「仕事は理不尽だ」と考え出すのです。

20代の私は、霧のかかったグラウンドで、毎日プレーをする選手のようでした。霧がかかっているので、本当のところ、自分がやっているのが、いったい何の、どのような種目なのか、よくわかっていなかったのです。

しかし、霧の晴れ間から、遠慮なくボール（たとえばメール）が飛んできます。よくわからないですが、何とかしなければなりません。そこで、先輩の真似をして、視界10メートルくらいの中で見えることを参考にしながらプレーをはじめます。

入社3年目、5年目くらいまでは、それでもなんとかなりました。

キャリアが若いうちの仕事（実はそれは作業だったのですが）は、ほとんどが「リアクション」です。お客様からの、上司からの、他部署からのアクションに反応しているだけで、1日、1週間、1年が忙しく過ぎていきます。

しかし、本社に行ったら……今度は霧の真ん中に立たされて、「さあ、あなたからゲームをはじめてください」と言われたのです。

私は……そのとき、何をやったらいいのか、まったくわからなかったのです。

もちろん、知識不足やスキル不足もあったでしょう。しかし、それは、むしろ「枝葉の問題」だったのです。私の**失敗の本質は、「自分がやっている『仕事』という種目の正体が、**

そもそもわかっていない」ことだったのです。

Point

「〝仕事〟という種目が何なのか」をきちんと理解している
これが、仕事ができる人の共通点である

2

「種目のとらえかた」が、すべてを決める

❖「仕事という種目」を、説明できるか？

「『勉強』と『仕事』は違う種目である」

このことに異論がある人は、まずいないと思います。

「では、『勉強』と『仕事』の違いを、具体的に説明してください」

こう求められたら、みなさんはちゃんと、説明できますか？

「それは……責任が違うんだよ」

図表2　たとえば「野球」と「サッカー」の種目の違いは……

野球	サッカー
道具を使う (バット・グローブ)	足と頭だけ使う
基本的に時間制限はない	決まった時間内で競う
攻撃と守備に はっきりと分かれる	攻撃と守備が めまぐるしく変わる
ゲーム中でもベンチに 座れる	ゲーム中は休めない
1球ごとに、 監督からサインが出る ⋮	試合が決まったら、 サインは無い ⋮

「仕事とは……お金をもらうことなんだよ」

こんな説明は「種目の違い」の説明にはなりません。自分の感想だったり、結果の違いを述べたりしているだけです。たとえば、前述した「野球」と「サッカー」で言えば、おそらくこんな説明になるはずです（図表2）。

「サッカーには……責任があるんだよ！」

こんなことを言われても、みなさんだって納得しないはずです（笑）。

『仕事』という種目の特長を、きちんと知ることが、何よりも大事なのです」

「7つの行動原則」という私の研修プログラムの説明を求められたとき、まず私はこう切り出します。こう話し出すと、「そんなの……あたりまえじゃない……」といった冷めた反応が返ってくることがよくあります。実際、ある会社の女性の人事担当者には、「そんな簡単なこと、当社の社員は皆わかりますよ」と露骨に冷ややかな顔をされました。

「では、『勉強』と『仕事』の違いを、〝具体的に〟たくさん、書いてください」

そう言うと、それまで笑っていた人から、みるみると笑顔が消えていくのです。ポストイットを前に、ペンがまったく動かない……。そんな場面をたくさん見てきました。

イチロー選手に「野球とはどういう種目ですか？」と聞いたら、「良くわからない」と答えるでしょうか？

本田圭佑選手や長谷部誠選手に「サッカーとはどういう種目ですか？」と聞いたら、フリーズしてしまうでしょうか？

おそらく、彼らは何時間でも細かく、具体的な例を交えて、説明してくれるでしょう。

「○○先輩が語る、『勉強』と『仕事』の違い」

みなさんが母校に呼ばれて、就活前の大学生を相手に、こんなタイトルで講演を求められたら、2時間くらいスラスラと講演できるでしょうか？

❖仕事力はここで決まる

もうひとつ、恐ろしいことがあります。

「仕事という種目の正体」を具体的に説明（言語化）できなくても、自分の中に**「仕事とはこういうものだ」という「イメージ」（固定観念／スキーム／パラダイム）**が、3年もするとでき上がっているのです。

そして、**仕事のレベルは、仕事での「思考と行動と感情」は、その「種目のとらえ方」で全部決まってしまう**のです。

「みなさんは「上司」を、どのような役割の人だととらえていますか？」

そう質問されれば、みなさんの中にも「こういう人だ」というぼんやりとしたイメージがあることに気づくはずです。

たとえば、上司を「自分より知識も能力も高く、自分がわからなかったら教えてくれ、助けてくれ、マネジメントしてくれる人」ととらえている人がいるとしましょう。つまり、

「学校の先生とほぼ同じ役割」だと思っている人です。

この人に仕事中、問題が発生します。お客様から値引きを求められてしまったのです。

この人は、何を考え、どう行動し、何を感じるでしょうか？

おそらくこの人は、「上司に答えを教えてもらおう」と「考え」ます。そして、上司に「私はどうしたらいいですか？」と答えを聞きに行くという「行動」を選択します。

塾の先生でしたら、やさしく「正解」と「解き方」を教えてくれることでしょう。しかし、現実の仕事の上司は、「君はどうしたいんだ？」と逆に答えを訊いてきます。

この想定外の対応をこの人はどう感じるでしょうか？　そうです。「ストレス」に「感じ」ます。「答えを優しく教えてくれるべき人が、逆ギレして、自分に質問してくる」と受け取るのですから。

一方、もう一人の人は「上司は政治の世界で言えば大臣で、自分はその省庁の官僚」くらいに考えています。その人にも、「お客様に値切られる」という同じ問題が発生します。

この人は、まず上司（大臣）に報告しようと「考え」、「行動」します。すると上司は、「君はどうしたいんだ？」とやはり答えを訊いてきます。

この人は、この状況を先ほどの人のようにストレスだとは「感じません」。なぜなら、霞が関の官僚が政治家より専門性が高いのと同じように、上司より現場の自分の方が現場を熟知し、実務の知識も専門性も高くてあたりまえだと考えているからです。むしろ、「上司は部下が使うもの」くらいのスタンスでいます。

この人は「承知しました。明日、プランを持ってきます」と一礼し、翌日、対応案を上司に示します。すると上司は、「俺はどうしたらいいか？」とさらに聞いてきます。「そうですね……私が商談する20分前に、お客様に、こんな内容の電話を一本いれておいてくれませんか？」この人は、こうして上司をマネジメントします。

この2人の論理的思考力や、コミュニケーションスキルが、まったく同レベルだったとしましょう。しかし、**思考や行動の方向、仕事での成果や信頼、そして感情やストレスは、こんなにも違ってくる**のです。

野球の名選手であり名監督だったノムさんこと野村克也さんは、プロ野球のミーティングで、プロの選手にこんな質問をしたそうです。

「(ノーボール・ノーストライクからスリーボール・ツーストライクまで)ボールカウントは何種類あるのか？」

この質問に、プロ野球選手が全員即答できるかというと……、そうではないらしいのです。

小学生から20年、30年野球をやって、何千回もバッターボックスに立ってきたプロの選手であっても、です。もちろん、ちゃんとわかっている選手もいます。

ちなみに答えは12種類です。

野球をどういう種目だと考えているのか？

「投げられた球を、己のフィジカルな力とセンスで打ち返す種目」と思っている選手は、そう考え、そう行動し、そう感じます。

一方、「カウントごとの相手の傾向などを研究し、確率を考える、頭で勝負する種目」と思っている選手もいます。その選手は、そう考え、そう行動し、そう感じます。

プロ野球というのは、厳しい世界です。2割5分しか打てないとクビになり、3割だとスターになり豪邸が立ちます。1週間に20打席あったとすると、2割5分の人はヒット5本、3割の人はヒット6本です。

週にたった1本のヒットの差で、天国と地獄ほどの差がつくのです。プロ野球にまでたどり着く人は、肉体的な力やスキルはみな、すでに一流です。体力やスキルだけではなく、「野球をどんな種目だととらえているか」。このポイントが、プロ野球選手の生死を分けるのです。

POINT

「種目のとらえ方」が思考、行動、感情に大きく影響し、仕事の成果、レベルをも決めてしまう

3

「OS（原則）」なくして、「アプリ（知識・スキル）」なし

❖アプリを求める人、OSを鍛える人

「どこで、何をやってもできる人」と「かつての私」との違いは、別な言い方をすれば、パソコンやスマホの「**アプリ**」と「**OS**」で説明できます。

パソコンやスマホでたとえると、仕事ができない人は「アプリ」に解決を求めます。業界知識や商品知識、資格、コミュニケーションソフトなどを一所懸命搭載しようとします。

そして、この人たちは、仕事がうまくいかなくなると、当然その原因を「アプリ」に求

図表3　アプリを求めず、OSを鍛える

知識
経済/業界/会計/人的資源管理/など

専門的アプリケーション
マーケティングスキル/交渉スキル/解析スキルなど

基礎的アプリケーション
コミュニケーション力/思考力/自己管理力/など

OS（7つの行動原則）

いくらアプリ（知識・スキル）を搭載しても、
それを使いこなすOS（原則）が高性能でなければ、
いい成果はでない

めます。そして、「もっと多くの『アプリ』を搭載しなければ」「自分のアプリに合った部署にさえ異動できれば」と考えるのです。たとえば典型的な例は「語学」です。

でも、よく考えてください。日本で、あるいは日本語でビジネスがうまくできない人が、英語ができるようになったからといって、果たして英語圏でいい仕事ができるのでしょうか？

仕事ができる人は、まず「OS」を鍛え上げます。どんなにいい「アプリ」を搭載しても、それを使いこなす「OS」が「勉強用」「作業用」のものだったり、グチャグチャな動き方をするものなら、いい「仕事」は絶対にできないからです。

逆に、「仕事用のOS」を創り上げさえすれば、どこで、なんの仕事をしても、「アプリ」を乗せ換える数カ月間は多少とまどうにしろ、その後はちゃんといい仕事ができます。仕事ができる人は、本能的にそのことに気づき、20代は「どの部署がいい」「何がやりたい」などとは言わずに、**目の前の仕事を題材に「仕事のOS」を鍛え上げることに集中するる**のです。

私が20代で犯した失敗は、**知識やスキル、テクニックなどの「アプリ」で仕事をしようとした**ことです。「仕事とはどういう種目なのか」、そのような本質的なことを考えずに、原則を知らずに、「間違った努力」を延々と10年近くしてしまったのです（図表3）。

❖3年目の最重要テーマ＝「仕事の原則」のインストール

私が「3年目にやるべきだったこと」は、**「仕事用のOS（原則）」をインストールしておくこと**でした。そしてOSをインストールするためにまず必要なのは、自分がやっている「仕事という種目の正体」をきちんと把握することです。この種目のとらえ方のレベルで、仕事の考え方も、行動も、そこで湧き起こる感情も、すべて決まってしまうのです。

30歳を過ぎた私は、「どこで、なにをやっても仕事ができる人」たちが、仕事をどのような種目としてとらえているのか、じっくりと研究を始めました。耳をそばだて、その人たちの言動に注意し、直接お会いする機会があったときは、質問したこともありました。

最初は雲をつかむような感じですが、だんだんと自分のとらえ方との違いがはっきりしてきました。そんなことをしていたら、幸運なことに人事部の採用・教育グループに異動になったのです。

そこは「仕事ができる人とできない人の違い」を、大手を振って研究できる部署でした。さらに、典型的に仕事ができる人である一流の講師たちとの出会いもあったのです。だんだんと形になってきたものを、新人研修などで伝えはじめました。最初は、10何個かの箇条書きレベルだったと記憶しています。

40歳で私は、プロの研修講師として独立しました。そして、それまでの研究成果を、きちんとした形に体系化する決意をしました。

「仕事という種目の正体」がわかることは重要ですが、それだけでは、「では、どうしたらいいか」がわかりません。

「仕事という種目がこうであるなら、どのようなOS＝行動原則が必要になるのか」

試行錯誤の末、**ビジネスパーソンであるなら早期にインストール（体得）すべき「仕事のOS」＝「7つの行動原則」**が完成しました。

「OS（行動原則）」が悪ければ、きちんと「仕事用」にバージョンアップされていなければ、いかなる「アプリ（知識・スキル・テクニック）」を搭載したところで、仕事という種目で報われる努力はできません。逆にいえば、この「OS（行動原則）」さえインストールしておけば、アプリが通用しない世界に突然異動、転職しても、十分に戦っていけます。

ビジネスパーソンがインストールすべきOS、つまり「行動原則」は、「7つ」あります。

次章では、その「**7つの行動原則**」についてひとつずつ紹介していきます。

POINT

「アプリ（知識・スキル）」を有効に使いこなしたいのなら、きちんとした「OS（行動原則）」を早期に鍛え上げておく

本章のまとめ

・スキル、知識、テクニックの前に、「仕事という種目」をきちんと理解しているかを確認する
・「種目のとらえ方」は、思考や行動、成果や信頼、そして感情やストレスにも、大きな影響を及ぼす
・仕事ができない人は「アプリ」に解決を求め、仕事ができる人は「OS」を鍛え上げる
・入社3年目の最重要テーマは、「OS＝仕事の原則」の早期体得である

第3章

「仕事の原則」を知る
～7つの行動原則～

下足番を命じられたら日本一の下足番になってみろ。そうしたら誰も君を下足番にしておかぬ。

小林一三（阪急電鉄創始者）

INTRODUCTION

この章では、まず、私たちが一所懸命やってきた「学校の勉強」という種目との比較の上で、「仕事という種目」の特徴を明らかにしていきます。ここのきちんとした理解が、いい仕事の実践と、そこに向けた効果的な努力の選択の大前提になります。

「7つの行動原則」は、「仕事という種目がこうであるならば→必然的にこの行動が必要となる」という流れの中で導き出されました。ひとつずつ紹介していきますが、この「7つの行動原則」は、実際には個別に活用されるものではなく、それぞれが体系的で統合的な関わりを相互に持ち、有機的にビジネスの現場で活用されるものとなっています。

みなさんの「仕事という種目」の理解と、私の研究結果は、はたして同じでしょうか？

入社3年目の私は、この行動原則から著しく外れた行動を積み重ねていましたが、みなさんは大丈夫でしょうか？

特にこの章は、ただ知識として頭で理解するのではなく、ぜひご自身の、実際の職場での「行動」と照らしあわせながら読み進めてみてください。

1

インプットから「アウトプット」へ

～「価値創出」～

学校でやっていた勉強、特に受験勉強は、大きく分類すれば「インプット型の種目」です。世界史の年号を覚える、知っている英語の単語量を増やす、数学の公式をたくさん知る……。「わかる」「知る」「覚える」……そのような「インプット」の努力が報われます。

ひとりでインプットをしているうちはいいですが、学校に行く、塾に行く、家庭教師を頼む、といったように、そのインプットに人を巻き込む場面が発生したりします。すると、みなさんの親は、あるものを大量にアウトプットさせられることになります。

それが「お金」です。インプット、つまり何かの価値を手に入れるためには、かわりにお金を支払うことが必要になります。これが、現在の「貨幣経済」という仕組みであり、お金の正体でもあります。

では、「仕事」はどうなるのでしょうか。逆に仕事の終わり方から考えてみましょう。

仕事というのは、お金をもらって、つまりお金を「インプット」して終わります。お金を「インプット」して終われるために必要な、報われる努力、行動は何でしょうか？

そうです。**仕事は「アウトプット型の種目」なのです。インプットの行動をして、お金をインプットすることはできません。**

「調べる」「わかる」「覚える」……そういったインプット行動でお金をもらおうとするのは、おかしな話であるということです。

そして、アウトプットしたからといって、かならずそれがお金と交換できるわけではありません。私も人前で歌うことくらいの勇気はあります。しかし、福山雅治さんのように、そのアウトプットでお金をインプットできる自信は、いまのところ〝ゼロ〟です。

アウトプットしたものに「価値」があれば、それがお金になって返ってくるのです。ですから、〝価値を創って出す〟という「価値創出」行動が、仕事では報われます。

仕事で第一にインストールすべき「行動原則」は、「価値創出」です。

❖下足番を命じられたら、日本一の下足番になれ

私が研修の中で、参加者に必ずやっていただくワークがあります。

「高級旅館の下足番になったら、どんな価値を創出しますか？」という題材で、「具体的な『価値創出』のアイデア」を考えてもらうのです。

すると、「笑顔で応対する」「名前をいち早く覚えて、『お客様』ではなく、必ず〝固有名詞〟でお声がけする」「近所の散歩ルートを外出時にご案内する」「天気に詳しくなり、必要に応じて傘をお貸しする」などなど、どの研修でも、1つのグループで30、40とたくさんのアイデアが出てきます。

しかし、その一方で、「価値を創出するアイデアを」とお願いしているのに関わらず、「付近のお店を調べておく」などと「インプット行動」を書く人もたくさんいます。「付近のお店を調べる」と、自分の知識はたしかに増えます。しかし、その時点ではお客様にも、旅館にも、なにも価値は与えていません。

調べる（インプットする）ことが悪いとは言いません。それを元にアウトプットすればOKです。しかし、ただ調べただけで、インプットしただけで、仕事だと思うのは大間違いです。

就活の役員面接で、「なぜ当社を志望したのか？」と聞かれたとき、「この仕事を通して、世の中や顧客にこんな貢献をしたい！」とアウトプットをPRする人と、「この仕事を通して、こんなスキルを身につけたい……」などとインプットをPRしてしまう人に分かれます。さて、みなさんがオーナー経営者だったら、インプット目的の人に、気持ちよく給料を払えるでしょうか？

さらにこのワークから学べる、重要なことがもう1つあります。それは、**「一見『作業』に見えることも、必ず『仕事』にすることができる」という事実**です。「下足番だから、作業しかできない」なんていうのは、ウソだということです。

「下足番ってなにをやればいいのですか？」

はじめて下足番に配属された新人は、まずは上司（仲居さん）にそう尋ねることでしょう。

「下足番というのは、入館時にはお客様の靴をお預かりしてスリッパをお出しし、外出時には逆に靴をお出しする仕事です」

おそらく、仲居さんからは、こんな返事が返ってきます。ここからが、運命の別れ道です。「言われた通りのことだけを、黙々とやる人」＝「作業をする人」と、先ほど挙げたような『価値創出』のアイデアを自分で考えて、どんどんやる人」＝「仕事をする人」とに分かれるのです。

「作業」に価値を創出すれば、それが「仕事」になります。

「一事が万事」という言葉があります。下足番のような仕事できちんと「価値創出」できない人が経営企画部に行っても……ということです。下足番で「作業」をする人は経営企画部に行っても「作業」をしてしまうし、経営企画部で「仕事」をする人は、下足番でも「仕事」をするのです。

入社3年目のみなさんに、安心していただきたいことがひとつあります。いまのあなたの目の前の仕事が、たとえ下足番であったとしても、仕事力の基礎である**「アウトプットする力」＝「価値創出という行動原則」**は、必ず鍛えることができるのです。一見雑用やルーティンワークに思えることをするときこそが、自分がそれを「作業」にしてしまうのか、それとも「仕事」にするかの決定的な瞬間なのです。

❖「価値」とはなにか　～知性価値と感性価値～

「それでは、自分がすべき、具体的な『価値創出』行動を書き出してください！」

こうワークを投げかけると、ペンを持ったままフリーズしてしまう人がけっこういます。

「豊かな価値を創造する……」

「世の中に価値を提供する……」

「価値」という言葉は、多くの企業の理念やミッションに出てくるように、ビジネスにおいてはかなりポピュラーな言葉です。でも、「具体的に」その正体を訪ねると、「？」となってしまう人が多いというのが実態です。そして、具体的にわかっていなければ、（価値、価値……）と心の中でいくら唱えていても、具体的な「行動」には結びつかないでしょう。

では、仕事で創出すべき「価値」というものを、具体的に考えてみましょう。

トム・ビーザーという英国のコンサルタントの理論をベースにした、『戦略的交渉力　交渉プロフェッショナル養成講座』（東洋経済新報社）という本を見ると、「価値の一覧」と

図表４　「価値」の一覧

知性価値	現金、商品、サービス、サポート、資材、人材、保証、保険、契約、権利・ライセンス、時間、値引き、知的財産、その他金額換算できる付加価値など
感性価値	信用、名誉、実績、経験、知識・ノウハウ、ブランド、認知度、評判、顧客ロイヤルティ、好意、誠意、真心、やる気、努力、向上心、安心感、人徳、人脈、地位、自由度、柔軟性、創造性、可能性など

出典『戦略的交渉力　交渉プロフェッショナル養成講座』／東洋経済新報社 平原 由美、観音寺 一嵩・著

いうものが出てきます（図表４）。

この本では、価値を「**知性価値**」と「**感性価値**」に分けています。仕事で「価値を出せ！」と言われると、「現金」を稼ぐことを筆頭に、いい商品を開発する、システムを改善して「サービス」にかかる「時間」を短縮するといった「知性価値」の創出をメインに考える人がやはり多いかと思います。逆に言えば、「好意」「誠意」「真心」「やる気」「努力」といったものは「精神論だ」と切り捨てる若手のビジネスパーソンもいることでしょう。しかし、それらも「感性価値」として、イギリスの戦略的な交渉家にとっては、ビジネス上の立派な価値として位置づけられているのです。

私がこの本を読んで得た気付きと学びは、大きくは次の3点でした。

① 三流のビジネスパーソンは、「現金」と「商品」、あるいは「現金」と「サービス」を交換しようとする。そして交渉が不調になると、「値引き」に活路を見出す。
② 二流になると、「商品」や「サービス」と「現金」との単純交換ではなく、他の知性価値で差別化を図り、より豊かな交渉をはじめる。
③ 一流は、己の「感性価値」で、ライバルと差をつける。

20代の私は……残念ながら三流、よくてまぁ二・五流、といったところです。極論を言えば、「これをいくらで買ってください」と、「モノ」と「商品」の交換だけを考えていましたから。

「知性価値」は、使うと目減りするものが多いです。また、価値がある一方、コストがかかるものが多いので、うまく価値の交換にもちこめても、「赤字」になってしまうリスクがあります。

一方、**「感性価値」は、減らないものがほとんど**です。10人好きになっても、100人好きになっても、自分の「好意」が尽きることはないはずです。そして、**基本的にコストがかかりません**（その価値を得るまでには、投資が行われたかもしれませんが）。

「商品」や「サービス」「サポート」がライバル社と「同値で同価値」になった場合、お客様は「感性価値」の高い方をチョイスします。たとえば、バイヤーさんが腰の調子が悪かったとしましょう。Aさんはそのことには特に触れず、事務的に商談を進めます。Bさんは、「東京にいる腰痛治療の名医を3人紹介する」という「人脈」という感性価値をプラスで創出したとします。さて、この場合、バイヤーさんは、AさんとBさんのどちらから「商品」を購入したいと考えるでしょうか？

上司も同じです。部下は「知識」や「ノウハウ」をタダでもらいに、上司のところに来ます。Aという部下は「もらって当然」という態度です。しかし、Bさんは、上司に「好意」や「やる気」といった「感性価値」を自分からどんどん与えます。

この2人は、上司と同じ関係を築くことになるでしょうか？　学校や塾の先生は、基本的にはこの2人に対する態度を変えません。なぜなら、別途生徒から「お金」をもらっているからです。しかし、上司は……。学校の先生と上司は、違うのです。

二流の営業は、「お客様に好かれようと」し、一流の営業は、「お客様を好きになる」のです。入社3年目だって、下足番だって、工場勤務だって、**「感性価値」はどの業種、職種、部署でも、だれでも発揮できる**はずです。そして、コストのかからない感性価値の創出と発揮には、上司の許可もいりません。

❖仕事は、「与えたもの勝ち」の種目である

「下足番でもいくらでも価値は創出できる」ことはみな納得しますが、「下足番が、そこまでやる意味があるのか」ということは、これまた別の問題になります。特に仕事の価値を「現金」だけで考えている人には、大問題です。

なぜなら、日本の多くの会社では、価値を創出してがんばる下足番も、割り切って作業でこなす下足番も、「給料は同じ」だからです。そして、2人とも、簡単にはクビにならないものです。

私の研修では、タブーなく、「やる意味があるか、ないか」を話し合ってもらうことがあります。そうすると、面白い意見がけっこう出てきます。たとえば、「やる意味がない」派のある人は、その理由をこう言っていました。

「だって……下足番でそんなに張り切っちゃったら、会社から『こいつ、下足番に向いているな』と思われて、一生下足番になっちゃうじゃないですか……」

では、やる意味があるかどうか、2つの視点から考えてみましょう。

①お客様の視点

まずは、旅館に来るお客様の視点です。

みなさんが「1泊2食で1万円」の宿に泊まることを想像してみてください。そして、いまは翌日の午前10時、チェックアウトの時間です。

（こんな宿、6000円の価値しかないよ、この宿はいいとこ8000円だよ）

あなたはそう思いながら、1万円を払っています。さて、問題はここからです。これらの宿を、あなたはリピート客として再び訪れますか？　旅館は他にもいくらでもあります。

おそらく、ほとんどの人はリピートしないはずです。60点や80点は勉強では合格点かもしれませんが、**仕事ではこのように「論外」**です。

（この宿は、ピッタリ1万円の宿だ。1万1円でもないし、9999円でもない）

今度はそう思いながら、1万円を払っていたとしましょう。さて、この宿をあなたは本当にリピートしますか？　私はこの質問を研修で100回以上していますが、「リピートする」と答えた人は1割以下、おそらく6～7％といったところです。

1万円に対し、1万円ピッタリの価値を提供しているのですから、この旅館は期待どおりの100点の仕事をしていることになります。勉強なら「満点」です。

しかし、仕事という種目では、100点の旅館はリピート率10％以下なので、残念ながら大変危険な領域に入っていると言わざるを得ません。というより、お客様のプロであるみなさんが、現実、100点以下の店は、ことごとくつぶしてきたのです。

100点のラーメン屋、100点の居酒屋……それでは満足せず、120点の店を検索して……見つかったら、そう、二度と100点の店に戻らなかったはずです。

ですから、下足番も、100点以上の価値創出をすべきです。旅館の全員でそうしていないと、リピート客がつかず、宿がつぶれて、自動的に下足番も失業してしまうリスクがあるからです。

②経営者や人事部長の視点

もうひとつの視点は、会社の経営者や人事部長の視点です。残念ながら一般的に新入社員には、世の中に対してインパクトの小さい仕事が与えられます。経営企画部は、大規模な出店計画を実践したり、大々的なキャンペーンを張ったりと、1万点くらいの価値が世の中に創出できますが、それに比べて下足番が出せる価値は、せいぜい10点くらい、といったレベルです。

同期2人が、同じように、別々の旅館で下足番としてキャリアをスタートします。2人とも、この配属には満足していません。大卒だから、企画部門に行けるはず、と思っていたのです。

Aさんは、(こんなところで本気になれるか……)と渋々、言われたことだけをやります。下足番の仕事の期待値が「10」だとしたら、怒られないギリギリの「7〜8」くらいのアウトプットをします。

Bさんは、気持ちを入れ替えて、プラスαの価値創出にチャレンジします。自分から天気予報を伝えたり、記念写真撮影を買ってでたりと大忙しで、「10」の期待値に対して「12〜15」くらいのアウトプットを続けます。

1年目……2人は何も変わりません。給料も同じです。

2年目……相変わらず、別に何も変わりません。

3年目……人事異動の時期が来ます。AさんもBさんも、同じ「経営企画部」に異動希望を出します。そして、経営企画部の募集枠は「1名」です。

さて、みなさんが経営者や人事部長だったら、どちらを経営企画部に異動させますか？

おそらくAさんは行かせないはずです。なぜなら、「10」の仕事を「7～8」でこなす人は、「1万」の仕事を「7000～8000」でやり、会社に大きなダメージを与えるからです。下足番を一所懸命やったら、一生下足番になってしまうのではなく、**「下足番を一所懸命やらないから、一生下足番」**なのです。

勉強は「もらったもん勝ち」の種目かもしれませんが、**仕事は「与えたもん勝ち」の種目**です。**もっとも与えた人にお客様はやってくるし、豊かなキャリアの道が開けてきます。**

POINT

仕事は「価値」を「アウトプット」する種目
作業＋「価値創出」＝仕事

2

「逆」からアプローチする
～「逆算」～

「勉強」はインプット種目です。ですから、その塾に価値があるかどうかは、「自分の立場」で決めることになります。一方、「仕事」はアウトプット種目です。しかし、ただアウトプットをしても、それがお金になる保証はありません。それに「価値があるかどうか」が大事であり、そこに価値があるかはお客様側が決めるのです。**つまり、勉強とは逆で、仕事では「相手の立場」から考えることが必須**になります。

勉強は個人種目であり、仕事は団体種目です。勉強と仕事の最大の違いはここにあります。個人種目である勉強では「自分の勝ち」を考えますが、**団体種目である仕事は逆です。「チームの勝ち」から考えます。**チームの勝ちを考えずに、自分の勝ちだけを考えるサッカー選手は、どんなに技術があっても、試合のメンバーからはずされてしまうでしょう。

学校には時間割が用意されています。この誰かが作ってくれたスケジュールに粛々と従うことが求められますし、変に主体性を発揮してこれを勝手に踏み外したりすると怒られてしまいます（ですから、いい会社にくる優秀な社員＝元優秀な学生は、みな受け身なのです）。しかし、「仕事」では時間割が上司やお客さまから配られることなどありません。自分で自分の時間割を作ることが求められます。しかも学校と違って、「みんながバラバラの時間割で動いている」世界であり、そのバラバラな時間割で動いている人たちを自分の時間割に巻き込む必要があります。つまり、**勉強と仕事では、時間に対するスタンスはまったく「逆」**になります。

以上のように、勉強と仕事では、矢印の向きがほとんど「逆」になります。

ですから、**２つ目の仕事の「行動原則」は「逆算」**です。

①「相手の立場」からの逆算
②「チーム」からの逆算
③「ゴール」からの逆算

逆算には、大きくこの3つがあります。

❖「自分がされてうれしいこと」を、相手にはしない

ひとつ目の逆算は、**「相手の立場」からの逆算**です。ひとつ目の行動原則である「価値創出」をするためには、価値を与えられる側、つまり「相手の立場」を理解することが必須になります。

「相手の立場に立つ重要性」を知らないビジネスパーソンはほとんどいないと思いますが、その本質は結構、誤解されています。

まず、20代の私のように、「上司は、自分のことをちゃんと評価してくれているだろうか」「あのお客さんは、僕のことを好きでいてくれるだろうか」などと、「相手の評価を気にしている人」がいます。

これは、ここで言う「相手の立場からの逆算」とはまったく違います。違うというか、ベクトルがほぼ真逆と言ってもいいかもしれません。

図表５　相手の立場からの逆算

「相手の立場」からの逆算

≠

「相手の評価を気にする」
「相手のいいなりになる」
「自分がされて嬉しいことを相手にする」

また、「相手のいいなりになっている人」もいます。「上司がやれって言ったから……」などと言う人です。これも、「相手の立場からの逆算」とはまったく違います。そして、「自分がされてうれしいことを、相手にしている人」がいます。これも、ここでいう「相手の立場からの逆算」とは違うのです（図表５）。

前出の「下足番になったら、どんな価値創出をするか？」のワークでも、「相手の立場からの逆算」が試されます。

「自分がされてうれしいことを相手にする人」は、「自分がお客さんだったら、下足番にされてうれしいこと」をジャンジャン書きます。すると、なかにはこんなアイデアが出てきます。

「お客様の靴を消臭する」

「お客様の服装をほめる」

私は、みなさんに聞きます。

「自分がお客だったら、靴を消臭されて、どう感じますか？」

すると、「いいサービスだ」と感じる人もいるし、「別にうれしくも嫌でもない」と感じる人もいるし、「激怒する」という人もいるのです。

（普通、お客様の靴の消臭なんて、そんな失礼なことするわけないだろ！）

心の中で笑い、そう思った人は、一番気をつけてください。1万人近くにアンケートをしてきてわかったことは、「靴を消臭されてうれしい人」も、たしかに一定数存在する、という事実です。

「自分がされてうれしいことを相手にする人」は、「相手は自分と同じである」と思っている人であり、自分の価値観を押しつける人なのです。もちろん、同じように自分の服装をほめられて喜ぶ人もいれば、（そういうことはやめて欲しいんだけど……）と不快になる人もいます。

20代のとき、上司に求められて、報告書を書いたことがあります。

（よし、きちんと状況をお伝えするぞ！）

私は、Ａ４で20枚くらいの力作（もはや短編小説です）を、丸一日かけて作り上げ、翌朝、意気揚々と上司に渡しました。

「今度からは、Ａ４用紙1枚でたのむな！」

その力作は、ほめられるどころか、やや怒気を含んだその一言のマイナスのフィードバックで終わり！　だったのです。

このとき、上司である課長は、支店長に報告を求められていました。そして、超多忙な支店長がこの件に使える時間は、せいぜい5分だったのです。

しかし、当時の私は「こんなに一所懸命書いたのに、それはないだろ！」と自分の非を認めるどころか、心の中で逆ギレする始末でした。そして、悲しいかな、20代の私は、この出来事から一切学ばず、（完ぺきな情報がそろうまで報告はやめておこう。だって、自分が上司だったら、完ぺきでない報告なんて聞きたくもないから……。上司には結論から短く話そう。だって自分が上司だったら、そういう話がいいから）と、同じような失敗を延々と続けることになります。

また、余裕があるときは相手の立場に立てますが、追い込まれると本性が出るものです。全社の在庫が少ないとき、自分が持っている在庫を、他の人に差し出せますか？

自分の準備が甘い会議で、上司が発言しているとき、自分の資料ではなく、上司の顔を見て、笑顔でうなずきながら聞けていますか？

20代の私は、調子がいいときは「自分がされてうれしいこと」を相手に押しつけ、ちょっと追い込まれると、「自分の立場」で行動していたことを、ここで白状します。

❖「自分の勝ち」にこだわるほど負ける

ふたつ目の逆算は **「チーム」からの逆算**です。団体種目である仕事では、「自分が何をしたいか」からではなく、「チームは、いま何を望んでいるのか」「チームの勝ちのために、自分がやるべきことはなにか」というベクトルでの行動が必須になります。

仕事しているとき、「どの単位での勝ち」にこだわっていますか？

一番単位の小さな人は、「自分の勝ち」にこだわる人です。「自分さえ数字がよければ」「自分さえ評価されれば」「自分さえ早く家に帰れれば」といった立ち位置の人です。

その次は、「自部署の勝ち」にこだわる人です。もう少し大きいと「部や支店の勝ち」、そして、もう少し大きくなると、「研究」や「事業部」という「部門の勝ち」になり、さらに大きくなると、「会社の勝ち」「業界の勝ち」、さらには「日本の勝ち」……となっていきます。

入社3年目までは「いいから自分のことだけやっておけ」と言われる時代でしょう。ですから、「自分の勝ち」にきちんとこだわることは、あながち悪いことではありません。ただ、5年、10年、15年と「自分の勝ち」だけにこだわっていたら、これはさすがに問題です。

勝ちの単位が小さい人は、立場が変わるごとに、違う主張をします。関西で働いているときは関西の勝ちを主張し、関東に異動になると、とたんに関東に有利なことを主張します。営業のときは営業の立場でごり押しし、工場に異動になったら、営業の要望をはねつける……。こんな働き方になります。

何が問題かというと、**「立場が変われば言うことが変わる」**ので**「信頼」を失う**のです。仕事で信頼を失うことほど、大きなデメリットはありません。

「私の役割を明確にしてください」と上司に迫る人がいます。この人は、明確にされた自分の役割だけをきちんとやればＯＫであり、「他の人の分までやるなんて損だ」と考えています。

この人は、サッカーでたとえれば、「監督に、自分の動くエリアを明確に決めてもらい、フィールドに線を引いてもらい、その中だけでプレーをしようとする選手」です。このような選手が、団体種目であるサッカーで評価されるでしょうか？

「勝ちの単位を大きくする」というイメージが難しいという人には、「上の立場で考える」ことを提案しています。課長の立場に立てば、「課長の勝ち＝課全体の勝ち」が意識できます。部長の立場に立てば、自分の部の課と課が、どっちが勝つかなどと足を引っ張り合っている状況に、まったく価値を感じないことがわかるはずです。

下足番でも同じです。自分のではなく、女将さんの立場に立てば、もっと大きな勝ちと価値創出のチャンスが見えてきます。

❖ゴールから、段取りする

三つめの逆算が、**「ゴール」からの逆算**です。仕事には段取りが必要です。そして、その段取りは、ゴールからの逆算で行われます。上場企業は「今年度末にどうなっているか」

を、まずゴールの姿を数字で開示します。株主はこれをもとに、株を買ったり、売ったりします。年度末にどういう数字になっているのか、ゴールイメージを「予算」として持たないで活動する企業はほとんどありません。

個人の仕事も同じです。

「なるべく早く、いいデザインを提案してください」

お客様にこう言われたとします。この言葉をそのまま鵜呑みにしてしまうのが最悪です。「いいデザイン」や「なるべく早く」では、ゴールが曖昧すぎます。段取りの第一の基礎は「ゴールを明確に、具体的にする」ことです。

「20日の10時までに、◯◯と似たイメージで、総額100万円以下のデザインを3案提示する」

まずはこれくらいゴールを明確にします。20代の私は、この「ゴールの具体化」はけっこう得意だったと思います。けれど、そのあとが最悪でした。手帳に何を書くかというと、「20日の10時」のところに、「デザイン提案」とただ書くような始末だったのです。

その結果……なんとか20日の朝までには資料が完成しました。さぁ、お客様へ出陣です。出発しようとしたそのとき、上司にこう聞かれます。

「堀田、その資料を俺には見せないでもっていくつもりか？」

（あっ！　やってしまった！）

上司に確認していただくという「段」が見事にモレていた……。こんなことを、よくやらかしていました。仕事ができる人は、ゴールから「逆算」して段をとり、それを手帳にきちんと書きます。


「20日の10時に提案」

「19日の夕方に上司にチェックしていただく」

「18日には資料を完成」

「17日に先輩にアドバイスをもらう」

「16日にはたたき台を作る」

「15日にデザイン例を調べる」

「14日の今日は、19日の上司のアポを取る」

← 20日から逆算する

仕事では、勉強のように、時間割は配られません。どのような価値を創出するか、そのゴールから自分で考え、そこから行動を逆算で段取ります。それを行う主なツールが「手帳」です。ですから、**手帳の使い方が、ビジネスの成否に大きく影響する**ことになります。

POINT

仕事ができる人は、〝相手の立場〟〝チーム〟〝ゴール〟から「逆算」して行動する

3 知っているから「している」へ

～「守破離」～

勉強というのは、特に受験科目は「知っている」「わかっている」人が勝つ種目です。音楽、美術、体育などと違い、受験科目で問われるのは「知っているか」「わかるか」ということであり、「できるか」「やっているか」はほとんど問われません。

しかし、**仕事はすべて「実技」です**。そういう意味では、受験科目より体育や音楽に近いのです。

「商談する」「企画する」「プレゼンする」……すべて実技であり、知っていても、わかっていても、それができなければ、あるいはしていなければ、まったく意味がありません。

プレゼンの本を読めば、大学生でも2時間でプレゼンがわかります。しかし、わかったからといって、翌日、30人のお客様を前に2時間プレゼンができるでしょうか？

では、実技の力はどうやって高めていけばいいのでしょうか？ その答えは、日本の先人の教えの中にちゃんとあります。それは「**守・破・離**」という教えです。

❖実行に移されない知識は、無価値

「守・破・離」とは、なんでしょうか？

お茶の千利休が言ったとか、お能の世阿弥が言ったとか、江戸時代に茶道の川上不白がまとめたとか、諸説ありますが、いまでは芸事だけでなく、武道はもちろん、さまざまなスポーツの分野やビジネス界でもかなり知られ、実践されています。

お茶とお能と武道とスポーツと仕事の共通点は、すべて「実技」だということです。お手前を知っていても、舞い方を知っていても、剣道を知っていても、それだけでは実技にはなんの価値ももたらしません。

守破離を簡単に説明すると、

「守」……師の教えや流派の型を守って、それを数多く反復し、体得する
「破」……他流派の教えなども含め、自分独自の工夫をして、型を破る
「離」……さらに発展させ、自分の型を創りあげる

となります。実技であるなら「このステップを経て、上達せよ」ということです。


「マジックの種を知っても、マジシャンにはなれない」

これが、「20代の失敗」という法外な授業料を払って私が仕事の「学び方について学んだ」ことでした。


「論理的というのはMECEなんだ。ロジックツリーなんだ」

「プレゼンというのは、適度にアイコンタクトを回し、間で強弱をつけるんだ」

本を読んだり、先輩の話を聞いたりして、このように「わかる」ことは意外と簡単です。

しかし、**いくらその「タネ」や「仕掛け」を知っていても、「できる」こととは無関係なのです**。マジシャンになりたいなら、まずは死ぬほど「トランプを切る」という実技を反復し続け、ものすごいスピードでトランプが操れるようになる必要があったのです。

商談がうまくなりたかったら、商談の場数をたくさん踏むのです。
プレゼンがうまくなりたかったら、プレゼンをたくさんやるのです。
企画書をうまく書きたかったら、企画書をたくさん書くのです。

それも「いい型」で反復することをおすすめします。前職では、自他ともに認める、論理的思考力の高い先輩たちがいました。その人たちに、「どうやって論理的思考力を身につけたか」を聞いたことがあります。

するとその人たちが共通しておっしゃったのは、

・マーケティングプランを、たくさん書いた
・上司に、書いたプランに厳しい突っ込みを受け続けた
・それでも、書き続け、厳しい上司に再提示し続けた
・それを、十回、数十回、百回……と続けた
・そうしたら、マーケティングプランがかけるようになっていた
・結果、論理的思考力が身についていた

という経験でした。

「堀田は、もの知りだな」

「堀田は、よく知っているな」

20代のとき、上司や先輩たちにそう「褒められた」時期がありました。

しかし、ある日、それを聞いていた別の先輩に呼ばれて、こう言われたのです。

「堀田、『もの知り』『知識がある』というのは、ある種の忠告なんだぞ」

（？）

ピンと来てない私に、その先輩ははっきりとこう言ったのです。

「堀田、実行に移されない知識は、ビジネスでは『無価値』なんだよ」

❖型にはまった人だけが、「型破り」になれる

研修で、「守破離」の話をすると、「へぇ、そうなんだ」とか「守破離ですか、知っていますよ」といったリアクションが返ってきます。

「では、話す、聞く、交渉する、計画する、リーダーシップ。あなたの場合、それらは、いま『守』の段階ですか？『破』の段階ですか？『離』の段階ですか？」

そう質問を重ねると、参加者から、笑顔が消えます。

「では、それらが『守』とか『破』の方、その守った、破った『型』を、皆に説明してくれませんか？」

さらに質問すると、多くの人は、下を向いてしまいます。

武術やスポーツでは、剣道なら「何々流の上段の構えはこう」、サッカーなら「インサイドキックはこう」というように、「型」というものが具体的にイメージしやすいと思います。そして、それらの型を守らずに練習を続けても、上手くならないこともわかります。

では、仕事における「守」とは、「型」とは、具体的に何なのでしょうか？

・論理的な伝え方としての「ホール・パート法」や「ＰＲＥＰ法」
・アサーティブに伝える「ＤＥＳＣ法」
・ミーティングの方法としての「ブレーンストーミング」や「アクションラーニング」
・リーダーシップのひとつの考え方としての「サーバントリーダーシップ」

・キャリア開発の手法としての「キャリアアンカー」や「プランド・ハプンスタンスセオリー」

このように仕事にも「型」はたくさんあります。

そして仕事で重宝するもう一つの「型」が、いわゆる「**フレームワーク**」です。

5W3H、PDCA、QCD、ロジックツリー、3C、4P、SWOT分析……。

先人たちが、このようにちゃんと「型」を残してくれています。

さらにもうひとつ、**仕事の「守」で大事なのが、「師匠」です**。お茶なら、千利休を真似るのです。剣術なら、千葉周作を真似るのです。同様に「交渉の師匠」「企画の師匠」「クレーム対応の師匠」「部下育成の師匠」「手帳術の師匠」……、社外まで視点を広げれば、いくらでも師匠が見つかるはずです。

イチロー選手は、メジャーリーグのオールスター戦のベンチで、当時すでに一流バッターだったラミレス選手からアドバイスを求められ、教えました。

ダルビッシュ投手は、日本ハムに在籍中、当時楽天の田中将大選手にアドバイスを求められ、教えました。教えたイチロー選手もダルビッシュ選手もすごい度量ですが、**教わりに行くラミレス選手や田中選手こそ、一流です**。

ラミレス選手は、そのときすでに、メジャーで確固たる地位を築いていた一流選手。田中選手も、そのときすでに150キロ以上の球を投げられ、多彩な変化球を駆使する楽天のエースです。それでも、よりいいものがあったら、自分から聞きに行ける。これが本当のプライドであり、学び方を学んでいる一流の姿です。かくいう私は……20代のときの師匠はゼロでした。

（人の真似なんて……）（俺の方がもう……）と小さいプライドの塊だったんですね。

「**『型を守った人』だけが『型破り』になれる。型を守ったことのない自己流など、『型なし』である**」

ある総合商社の研修の開講講話で、人事部の部長さんが話された言葉です。

「学ぶ」の語源は「真似る」と言われています。「守破離」は一見非効率で、遠回りに見えます。が、**早いは遅く、遅いが早い**のです。

❖日本の強みは「守破離」

仕事の進め方の「型」として有名な「**PDCAサイクル**」は、米国のデミング氏らの手によって考察され、1950年代に日本にも紹介されたと聞いています。日本は、特にメーカーの製造現場で「これはいい」とその考えを受け入れ、真摯《しんし》にPDCAを活用・実践していきます。その結果、いまや「カイゼン」に代表されるように、PDCAは破られ、より新しい「型」へと離れて、昇華されています。

話はさらにさかのぼります。時は戦国時代、日本に「鉄砲伝来」がありました。刀と槍と弓矢での戦いにプライドを持っていた武士でしたが、「これはいい」と素直に受け入れます。そして、購入した鉄砲をバラし、研究して、自国での生産にチャレンジするのです。

数年後、宣教師たちが日本に来て、びっくりします。堺を中心に、日本は火縄銃の大生産国になっていたのです。さらに驚いたことに、雨の日でも使えるような小さな傘が火縄についているなど、性能が向上しているのです。

同様の事例はオートバイや車やラジオやテレビなど、枚挙に暇はありません。そのような日本に対し、「猿まね」といった批判がありました。そう言う側の気持ちもわからなくはないですが、私は単純にそうだとは思いません。単なる「猿まね」ではなく、日本は「守破離の国」なのです。鉄砲も、ＰＤＣＡも、車も、律令も、仏教も、自分たちにないものと遭遇したとき、「いいものはいい」と素直に受け入れます。そして守りますが、そこにとどまるのではなく、破り、離れ、さらなる高みにたどり着いてしまうのです。

「守破離」というのは、ある意味、「師匠を超える」ということです。20代の私のように、全部自分でゼロからやってもいいです。でも、そんなことでは、一生先輩に追いつくことはできないでしょう。

この本で提案しているのも、「７つの行動原則」を中心とした「型」です。これらを守り、破って離れ、私よりも圧倒的に短時間で、私よりもはるかな高みに行ってもらいたい、というのが、私の切なる願いであり、研修や執筆のモチベーションなのです。

幸いなことに、私はたくさん失敗し、どんなに残業しても問題のない時代に仕事ができました。ですが、いまの入社３年目のみなさんには、そんなに遠回りをさせる余裕も、残業をしまくるような時間も、与えられないのですから。

POINT

すべてが実技である仕事の力は、「守破離」というステップで鍛え上げていく

4 「本当の問題」は与えられない
～「てこ入れ」～

なぜ新入社員は、若手社員は総じて「受け身だ」と評されてしまうのか。

「ゆとり世代」の方、ご安心ください。「新人類」「バブル世代」の私も、若手時代は「受け身だ」と言われましたし、実際、筋金入りの「受け身」だった自負があります。

なぜそうなってしまうのか……。それは、学校の勉強が完全な「受け身型の種目」だからです。問題は必ず与えられます。テストは問題が配られてからしか絶対にはじまりません。先生が問題を出す前に、何かの指示がある前に、席を立って勝手に「これをやりたい」などと主体性を発揮してしまったら、問題児として大変な目に遭ってしまいます。

しかし、**仕事は「問題を創る」種目**です。下足番の腕の善し悪しは、「いかにして問題を創れるか」にかかっています。「玄関に花を飾ってみるか」「自分から進んで記念写真を撮

図表６　「少ない入力」で「大きな出力」を出す

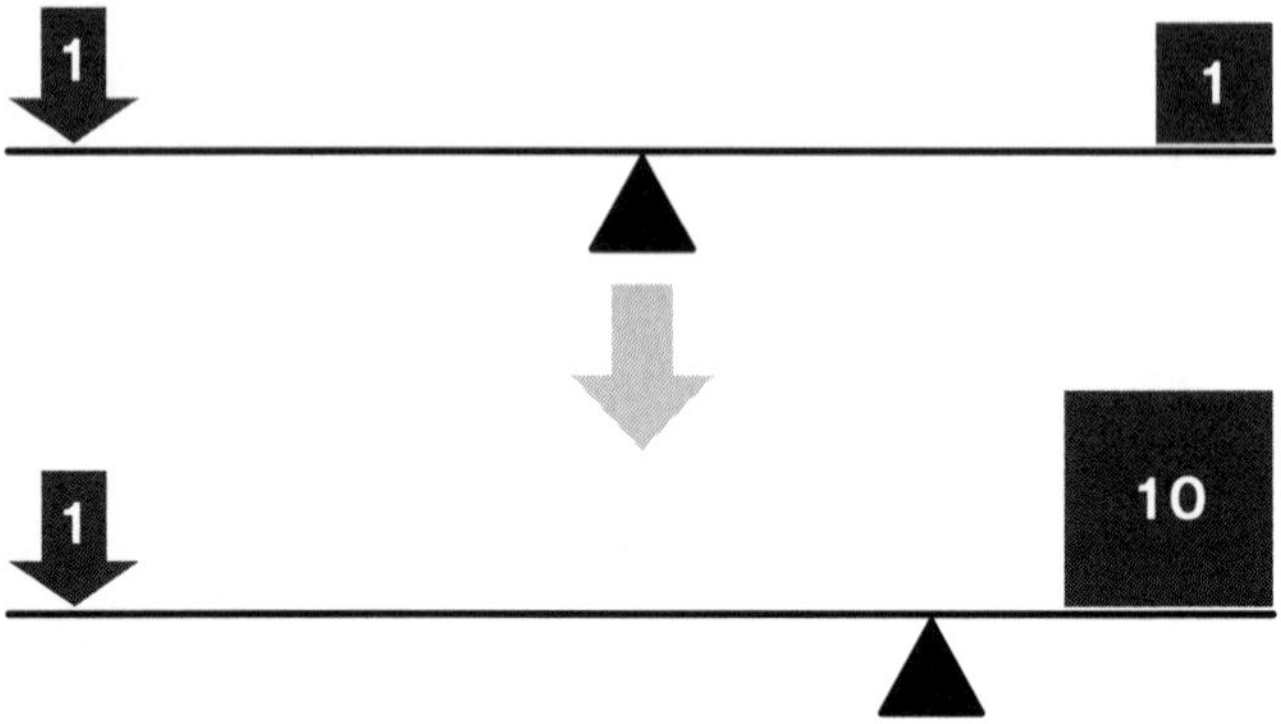

てこ入れ：１の入力で1の出力を得るのではなく、2、5、10、100、1000の出力を得る

ってみるか」と自分で問題を創り、動いていけないと「仕事」にはなりません。

上司に言われたことをやるなら、アルバイトだってできます。それでは正社員としての価値はありません。

勉強は１００点といった「満点」がある種目です。しかし、仕事には「満点」はありません。下足番のように、１２０点、２００点が可能です。いや、そんなレベルでなく、１万点、１億点が可能な種目なのです。

たとえば、ガソリン自動車の世界に現れた「ハイブリッド車」や携帯電話しかなかった世界に登場した「スマートフォン」は、90点、92点といった戦いの中に、いきなり現れた「１万点」です。

仕事は、「価値創出」で確認した通り、アウトプット種目です。では、「同じ8時間労働」という入力（インプット）が「同じ100点」という出力（アウトプット）につながるかと言えば、そうではありません。そのアウトプットが「蛍光灯」だったら100点、「LED」だったら「1万点」かもしれません。

ということで、４つ目に提案する行動原則は「てこ入れ」です。**てこの原理というのは、「少ない入力」で、「大きな出力」を出すこと**です（図６）。

❖問題は、その問題にあった

仕事は「価値創出」のところでご案内した通り、アウトプット（出力）種目です。ただ、そのアウトプットをするために、どれほど自分の力をインプット（入力）するのか……

この**「入力」と「出力」の比率が、人によって、まったく違ってきます**。

仕事での努力の量がなかなか成果として現れない方、特に「こんなに残業しているのに成果が……」という人は、おそらくこの比率が悪い人です。1の力を使って、1以下のアウトプットしか出せていない人です。

「1通メールが来たから、1通メールを打ち返して片づけるしかないじゃないですか……」

そう言いながら仕事をする姿は、あたかも「自分の体重が30キロだから、70キロのお父さんとはシーソーができない」と言っている子どものようでもあります。

一方、**仕事ができる人は、定期的に「てこ」を入れています**。どこかに「てこ入れ」のポイントがないか、常に虎視眈々とそのチャンスを伺っています。

いま、みなさんが取り込んでいる仕事は、その問題は「本当の問題」でしょうか？

「メールが1日に50通も来るんです。返信をしないわけにはいかないじゃないですか！」

かつての私のように、そうムキになって怒らないでください。冷静に考えてみましょう。

メールはなぜ1日に50通も来てしまうのでしょうか？ ひょっとしたら、あなたの発信したメールにわかりにくい点、意味がいくつも取れてしまうような曖昧な点があるのかもしれません。だから問い合わせがたくさん来てしまうのではないでしょうか？

あるいは、ホームページに、わかりやすく、きちんと情報が掲載されていますか？ 最初からそうなっていれば、そもそもその問い合わせはないのかもしれません。

また、多くの人たちと関わる仕事の場合、共通の目的や計画を共有せずに、いきなりマン・ツー・マンで仕事を始めると、メールでの個別な問い合わせやすり合わせが激増します。関係者一同を会議に招集し、全体プランを書面で提示し、目的や目標、そして、そこに至るプロセスを共有し、役割分担を決め質疑応答をその場でしておけば、そんな「個別の問い合わせ」はゼロになるかもしれません。

仕事ができない人は、問題が発生するたびに、その対処をします。仕事ができる人は、問題が起きないように、予防をバッチリとしています。

それでもどうしても1日に50通メールが来てしまうなら……他の「てこ入れ」もあります。1通1分メールを打つ時間を短縮できたら、1年に何時間短縮できると思いますか？

1分×50通×２４０日÷60分＝２００時間です。２００時間と言えば、1週40時間労働の５週間分です。残業を含めても、メール1通1分短縮できれば、３週間のバカンスが可能です！

では、どうやったら1通あたり1分の時間を短縮できるのか。

それは「毎回、ゼロから文書を考えない」ことです。つまり、「ひな形」「テンプレート」を作っておくのです。「報告のメール」「お願いのメール」「先輩に飲みにつれていってもらった翌日の御礼メール」……。日頃のメールを分析すると、いくつかパターン化できるものがあることに気づくはずです。そのようなパターンの文型をあらかじめ用意しておけば、メールを発信する時間は、大きく削減できるはずです。

❖仕事ではカンニングがOK

さらに、仕事ができる人は、その「ひな形」「テンプレート」を自分で作ったりはしません。そう、「守破離」です。型やテンプレートは、よりできる人からもらえばいいのです。

メールでいえば、

「この先輩からのCC、わかりやすい報告だな」

「メールでもここまで気持ちが、申しわけない想いが伝わるのか」

受信したメールの中に、このように使える文面がたくさんあるはずです。

「優秀メール」といったフォルダを作っておき、それらのメールを格納しておき、自分が発信するときのベースに使っていけば、時間の短縮は可能です。

報告書、企画書、提案書、議事録……これらもすべて、書式やフォームは最高のものを先輩からもらって、あらかじめスタンバイしておきます。そうすれば、「書式で悩む」時間はなくなります。

「広告会社に頼んで販促用のTシャツに、ある著名なデザイナーにイラストを書いてもらったのだけど、その著作権はだれが持つの？」

「社用車として中古車を購入したいのだけど、償却は何年になるの？」

このような問い合わせをされたときが、仕事の生産性を分ける決定的な瞬間です。現場での仕事の進め方は、よく考えると、基本的にこの４パターンに分かれます。

A 全部自分が知っているので、自分が即答して終わる……1分

B 知的財産部や財務部など、さらに別の専門組織に正式に検討依頼をする……1週間

C ググる……近い事例がヒットすれば数分、下手すると数十時間たってもわからない

D 他社含め、専門知識のある友人に電話をして教えてもらい、答える……10分

Aが理想ですが、人事部から広告部に異動した早々の問い合わせなどには、なかなかそ

うはいかないのが現状です。勉強ではA以外はNGです。が、仕事というのはカンニングがOKな種目なのです。Dのように、社内外に「専門家の友人」がいれば、他部署に堅苦しい「検討依頼」などをせずに、またネットのような不確かな情報に頼ることなく、スラスラと仕事を進めることが可能なのです。ですから、仕事ができる人は、他分野に異動しても、仕事ができるのです。アプリ（知識）が自分になくても、どこからでも手に入る関係があるのですから。

ところで、みなさんは「仕事」という団体種目を、何人の「味方」とプレーしていますか？

サッカーのプレー中なら10人、野球なら8人と即答できるはずです。仕事という種目のチームメイトは、何人までが上限なのでしょうか？　そうです。上限など、「ない」のです。何人味方がいても、だれからもクレームがつかない種目です。

仕事ができる人は、たくさんの味方に囲まれて仕事をしている人です。自部署は上司も、後輩も味方です。そして、工場も、研究所も、本社も味方で、お客様も味方です。

優秀な営業は、「最後はお客様が助けてくれる」と口をそろえて言います。

「上司のOKがもらえないのか？　しょうがないな、俺からおまえの上司に電話してやろうか？」

困難な社内調整を、こうやってお客様が買って出てくれたりするのです。

豊かで信頼関係のある人間関係を構築する。これが、団体種目である仕事での、もっとも大事な「てこ入れ」になります。

POINT

仕事ができる人は、目の前の問題に飛びつくのではなく、本質的な問題に「てこ入れ」をしている

5
白か黒かではなく「どちらも」
～「両立」～

勉強には「正解」があります。テストでは採点側の都合から「正解が1つの問題」を出題されることが多くなります。A先生とB先生が違う答えを言い放って去っていく……といった気持ちの悪い場面はほとんどありません。

一方、仕事には「正解」はありません。「このCMに起用するタレント」「この商品の具材の大きさ」などということに、唯一の正解などありません。ですから、Aさん、Bさん、みな違った意見を言ってきます。だから、交渉が必須となります。

テストでは、答案用紙の質だけが問われます。しかし、仕事では、その商品やサービスの「質」だけが問われるわけではありません。同じ質なら速い方が、あるいは安い方が勝ちます。

勉強に勝つためには、「どちらか？」「AかBかCか？」といったフレームでの思考を鍛えます。マークシートで4つ選択肢があったら、「どれか1つが正解で、他の3つが不正解」なのです。瞬時に「どちらか」を峻別できる力が求められます。

しかし、仕事にその勉強のような思考法を持ち込むのはとても危険です。**「どちらか」ではなく、まずは「どれも」「AもBもCも」というアプローチ**をおすすめします。

AさんとBさんが違う意見を言ってきたとき、「どちらか」に決めてしまうのではなく、「どちらもあるとしたら」と考えます。また、「質」と「コスト」と「スピード」は、「どれが大事か」ではなく、「どれも大事」なのです。つまり、**仕事は「両立」という行動原則が、効果を発揮する種目**になります。

❖「どれか」から「どれも」へ

白状しますと、私は、この「両立」が、いまだにもっとも苦手です。もし「両立」がもう少しマシにできる自分だったら、いまでも前職で楽しく仕事をしていることでしょう。

「お肉とお魚、どっちが好き？」

当時小学生だった息子になにげなくそう質問したことがあります。すると、息子は、ちょっと間を置いたあと、困ったような顔をしてこう言いました。

「ねぇ、お父さん。お肉か魚か、どちらか決めなきゃダメ？　僕、どちらも好きなんだけど……」

それを聞いた私は、だまって下を向いてしまいました。

「どっちが大事なんですか？」

「どれが本当なんですか？」

そんな疑問が浮かんだら、その疑問自体に疑問を持ってください。


「仕事を大事にすること」VS「プライベートを大事にすること」

「個人の幸せ」VS「会社の幸せ」

「残業をしないこと」VS「いい仕事をすること」

「成果を大事にすること」VS「人間関係を大事にすること」

「業績を挙げること」VS「人を育てること」
「いまを大事にすること」VS「ゴールを大事にすること」
「短時間」VS「高品質」VS「低コスト」

これらはすべて、「どちらか」ではなく、「どちらも」がいいのです。

そして、団体種目である仕事で一番大事なのが、**「相手」と「自分」との「両立」**です。「相手の立場に立つ」というのは、「相手のいいなりになる」こととは違うという話を「逆算」のところでしました。

そうです。ご安心ください。相手と自分の「どちらか」で決めなくてもいいのです。そして、もちろん、常に「相手」の意見に従う必要などありません。「相手の立場に立つ」ということは、別の言葉で言えば、相手を「理解する」ということです。

私は、まず自分のことを理解してもらうのではなく、順序として相手のことを理解することを「逆算」でおすすめしているのであって、理解したからといって常に相手に「同意せよ」などとは考えてもいません。

まず「逆算」で相手の勝ち（価値）を理解しますが、そうしたら次に自分の勝ち（価値）と「両立」させて……と、「7つの行動原則」は同時多面的につながって活用されるのです。人間関係を「両立」させることは、なぜか英語の方がポピュラーです。英語では、「Win－Win」といいます。

❖ビジネスセンスは「両立」にあり

「品質を上げてコストを下げろなんて……矛盾しています！」

そう怒り出すビジネスパーソンをお見かけすることがあります。自称「論理的な人」にこのような言動が多かったように記憶しています。「両立」というのは、たしかに「矛盾」をはらんでいます。

しかし、詐欺師のように聞こえるかもしれませんが、**「矛盾しているからこそ、価値がある」**のです。

「品質を上げる代わりに、コストも上げる」

「コストを下げる代わりに、品質も落とす」

このようなケースで、「どちらか」を選ぶのは、とても簡単です。極論すれば、このような「どちらか」のモノづくりなら、日本のメーカーならどこでも誰でもできます。どこでも誰でもできるから、それでは「価値」がないのです。

「えっ！　こんなに品質を上げながら、コストまで微減するのか！」

このような矛盾の「両立」ができる人こそ、ビジネスセンスのいい人なのです。

「ひとりずつの発表時間はたっぷりと、そして18時からは支社長も交えての懇親会」

このオーダーをもらって、当時、支店の研修を担当していた私は頭を抱えてしまいました。一連の「若手営業強化プログラム」の最終回として、研修で学び、現場で実践することを参加者が1人ずつ発表することになっていました。参加人数で研修時間を割ると、「せいぜい1人5分から10分」のプログラムになる、そう考えていたのです。そこに、「質疑も含めてひとり20分くらいは時間をとってくれ」というオーダーが上層部から来てしまったのです。午前中はすでに外部講師のプログラムが予定されています。そして夜は18時から懇親会で……退路は断たれているのです。

（発表時間を延ばすなら、懇親会はできない……。どちらかに決めてもらうしかないな）

そう覚悟を決めた私は、「どうしましょう……」とうっすらと上層部への不満をにじませながら「2択の選択」の判断を上司に求めました。しばらく考えていた上司は、にっこり笑ってこう言いました。

「午後から2班に分けての発表にしよう。分け方はわかるよな。以上」

目からウロコでもあり、自分が情けなくもあり、ヘナヘナと脱力したことを覚えています。

「矛盾です。不条理です。どちらかに決めてください」となるのか、「よし、なんとか両立してみよう。なにか見つかるはずだ」と考えるかが、**ビジネスセンスを決める、決定的な瞬間**なのです。

POINT

「2択」や「白黒」で判断せず、「勝負」しない
高度な「両立」を実現し、ビジネスセンスを高める

6 個別ではなく「同時」に「面」で

～「同時多面的」～

勉強のテストでは「物理100点、英語0点、合計で100点」という点の取り方が可能ですが、仕事では「開発が100点のモノづくりをして、工場が100点の生産をして、営業の自分がお客様を激怒させる0点の営業をして、200点の売上をいただく」ということは不可能です。

仕事はつながっているのです。「部分さえよければ」では、お客は満足しません。

「私の下足番は最高でしょ！　でも、うちの料理は最低でしょ！」なんて胸を張っている下足番がいる旅館が、史上最低の旅館です。また仕事では、ひとつのアクションが、かならず自分以外の誰かに、あるいは他のなにかに影響を及ぼすことになるので、そのことを同時に、多面的に考えている必要があります。

勉強の勝負どころは「テスト」です。テストというのは「書く」というひとつの行動だけができれば基本的にOKです。怒った顔で書こうが、足を組みながら書こうが、それで点数を落とされることはありません。

一方、仕事はすべて「商談」や「プレゼン」という実技です。**実技では、心も、技も、知識も、そして体も同時にマネジメントする**必要があります。いくらいい内容のことを話していても、腕を組みながら、ペンを回しながら、怖い顔をしながらではNGです。

6つ目の仕事の行動原則は、「同時多面的」になります。

❖そのスイッチを入れる前に

いま思えば、早いうちに本当に経験しておいてよかったと思える仕事を20代でさせてもらいました。食品メーカーで営業担当としてキャリアをスタートさせたのですが、その営業というのが、主に「特注品」を扱う仕事だったのです。

「少し具材を大きく」というご要望を安易に受けて帰ると、「工場で充填できません」となり、「1キロ袋をやめて150グラムの個食袋にしよう」と簡単に考えていると、「生産性が落ちるのでコストが法外に上がります」となり、「チューブの口を細口にしよう」とすると、「金型から起こすのでまず数百万円かかります」となり、「味も、包材も、ケース当たりの入り数も、そしてコストも合意した」のに、「生産キャパがいっぱいなので、できません」となる。

入社1年目から、こんな現実に翻弄され、ただ失敗だけを重ね続けることになりました。しかし、この経験のおかげで、いやでも**「部分ではなく、全体をとらえる」**というスタンスと、**「このスイッチを入れると、どこがどう動くかを事前に考えてから動く」**という習慣を身につけることができました。

「事前に同時多面的に考えてから行動する」ことが、仕事における重要な「てこ入れ」のひとつになります。それをせずに場当たり的に部分最適だけでスイッチを押すと、かならずあとから「充填できないぞ！」「コストが上がるぞ！」「生産スケジュールはないぞ！」と各所で火の手があがり、トラブルに見舞われます。

本当に仕事ができる人の正体は、「消火作業がうまい人」ではなく、そもそも「火事を起こさない人」です。「新製品を出します！」などと勢いよく提案したとき、上司から「工場のここは大丈夫か？」「その場合の在庫はどうなるのか？」「取引関係に影響は出ないか？」などと、自分にはない視点で多面的な質問やツッコミを受けたことはありませんか？

事前に同時多面的に考えられるようになるためには、つながりと全体像をすべて理解する必要があります。逆算のところで触れた「チームからの逆算」ができない、あるいはしようとしない人、つまり視野が狭く、視点が低い人、「自分の仕事さえ」という「勝ちの単位の小さい人」は、必然的に同時多面的な思考と行動ができない（しない）人になってしまいます。

私はもっぱら見る専門でプレーはまったくできないのですが、サッカーでも、自分のワンアクションが全体にどんな影響を及ぼすかを理解できない人は、つまり勝ちの単位が小さい人は、いくら身体能力や技術が優れていてもあるレベル以上には到達できないのだと思います。

「要は来たボールを蹴ってシュートを決めりゃいいんだろ」では、代表選手には絶対になれないはずです。

しかし……「同時多面的」は、とても疲れます。

「おれは営業なんだから、生産のキャパシティとかは知りません！」

「私は最適なノズルの大きさを研究しているだけです。金型代がかかるかなんて、私の仕事ではありません！」

このように部分最適だけに割り切ってしまえば、つまりそれが仕事ではなく作業なのですが……シンプルになり、ある種のストレス低減にもなるでしょう。

でも、ひとつの真実があります。お客様の立場から「逆算」してみると、「会社が作った部署や担当などの〝線引き〟などはない」という真実です。お客様には、「ここまでが下足番」「ここからは仲居さん」といった線は見えにくいですし、そんな線引きなどは興味もないし見たくもありません。ですから、「それは私の担当ではないので」というセリフが、古今東西、もっともお客様を簡単に怒らすことができる言葉なのです。

私はあるときから、「この大会社も、しょせんは豆腐屋のお化けなのだ」と思って働いていました。大豆を仕入れて、豆腐を作って、販売して、代金を回収して、チラシで広告を入れて……、本来は１人でやっていたことを、規模が大きくなったから手分けしてやっているだけで、「それらを別々に考える」なんてことは本来ありえないのです。

❖研修やトレーニングにひそむ致命的な問題点

現状の会社の研修やトレーニングには、大きな問題点があると私は思っています。

どういうことかというと、次のようなアプローチで若手の人財育成が行われたりしているのです。

> ①「仕事ができる人」「求められる人財像」を明確化する
>
> ②その人財を要素に分解し、それぞれのレベルを明確化する。
>
> (例)論理的思考力はこのレベル、プレゼン力がこのレベル……
>
> ③それぞれの要素を強化するプログラムを用意して、研修をする

かくいう私も戦犯のひとりです。まさに、このようなアプローチで教育計画を策定・実施したことがあります。いったいなにが問題なのか……それは、スポーツに置き換えて考えれば、すぐにわかります。

①求めるサッカー選手を「香川真司」と明確化する
②香川真司を要素分解し、それぞれのレベルを明確化する
（例）走力はこのレベル、動体視力はこのレベル、ドリブルはこのレベル……
③それぞれの要素を強化するプログラムを用意して、トレーニングをする

このように要素ごとにトレーニングしたからといって、そのトレーニングが成功したからといって、サッカーをやったことがない人が、無事に香川真司選手になれるでしょうか？

香川選手と同じ速さで走力が身につき、香川選手と同じ動体視力になり、香川選手と同じドリブルができるようになったとしましょう。でも、だからといって、香川選手のようなサッカーができるのでしょうか？

それは無理なのです。「それらの要素を統合して動かすこと」がサッカーなのですから。ある程度でき上がったサッカー選手にはこのようなアプローチも効果的かもしれませんが、これからサッカーを始める人に、このような要素の部分的なトレーニングをしても、効果はあまりないはずです。

仕事もサッカーと同じく「実技」です。プレゼン力や文書力といったスキルや論理的思考力といった能力も大事ですが、**それらを個別に磨いても、それらを統合して動かすことができなければ、いい「仕事」はできないのです。**いくら話し方が上手くなって、上司に完璧なプレゼンができても、日頃の時間管理や資料提出がルーズであれば、却下されてしまうのが仕事の現実です。**全体を分解すれば要素にはなりますが、要素を積み上げても全体にはならないのです。**

「7つの行動原則」とそれを軸にした研修プログラムは、そのような失敗をしないために開発されたものです。ですから、西洋的なというか、要素還元的なアプローチをする人、すべてをロジックツリーのように、MECEなどでとらえる人には、「7つの行動原則」はちょっと気持ちの悪い、納得できないものかもしれません。

「7つの行動原則」はどちらかと言えば、東洋的というか、もっとホリスティック（全体的・統合的）なアプローチのものです。第一の行動原則は血液、第2の行動原則は骨、第3の行動原則は筋肉……といった感じで話を進めているつもりです。

つまり、多少のモレや、特にダブりがそこにはたしかにたくさんあります。しかし、これらは「人体」として統合的にとらえたときに、はじめてその本質と活用が理解できるものなのです。

「価値創出」と「逆算」はベースとなる行動原則です。何をやるにも、どんな場面でも、この2つの行動が常に必要になります。

「守・破・離」と「てこ入れ」は、成長と生産性向上を加速化させる行動原則です。中・長期的な、そして持続的な成果は、この2つの行動原則の実践にかかっています。

「両立」と「同時多面的」は関係性を高める行動原則です。人と人との関係、品質とコストと納期の関係といった関係の扱い方が成否を分ける仕事で、とても重要になる行動原則になります。そして、これらは、現場で活用されるときは、さまざまなスキルも含めて同時多面的にワンピース（ひとつなぎ）となって機能するものなのです。

次の第4章で、「7つの行動原則」を「同時多面的」に活用する、具体的な仕事の仕方をご紹介します。しかし、その前に、最後にまだひとつ、行動原則があります。もっとも核《コア》となる行動原則です。

POINT

高い視座で、全体像とつながりを理解する
その上で「同時多面的」な思考と行動を実践する

7 しかたがないから「仕方はある」へ

～「自己選択」～

「価値創出」の案は、下足番にだって30個も40個もあります。しかし、靴を消臭して怒る人もいれば、怒らない人もいます。リスクがあるのです。本当にやりますか？　どうですか？

「逆算」をすると、相手の立場に立つと、自分とは違う選択肢がどんどん増えてきます。

「守破離」をしようとすると、師匠候補はたくさんいます。誰を師匠にしましょうか？　ひょっとしたらその先輩は「ハズレ」かもしれません。

「てこ入れ」なんて、本当にしますか？　この忙しい中で、メール文書のフォーマット化なんてしますか？　そのてこ入れは空振りに終わるかもしれません。

「両立」をすると、毎回人間関係がきれいにＷｉｎ－Ｗｉｎになるでしょうか？　ここは負ける、ここは勝ってしまった……そのような選択の連続ではないでしょうか？

「同時多面的」に毎回完璧に仕上げることなんてできますか？　ここはコストを重視して、工場の不都合は目をつむって……そのような判断が、選択が必要ではないですか？

仕事には「唯一の正解」などありません。だからと言って、複数の選択肢のまま、何も決めずにそのまま放置していたら、仕事にはなりません。**仕事とは、「選ぶ」種目**なのです。

仕事は、やればやるほど、ポジションが上がれば上がるほど、「選ぶ」変数と場面が増えてきます。

7つ目の行動原則は、「自己選択」です。

❖仕事の、人生の、「主体者」とは？

Aさん「上司に企画を提案したら、否定されたので、しかたがなくあきらめた」

Bさん「上司に企画を提案したら、否定されたので、3日後に再チャレンジした」

さて、この2人は、何が違うのでしょうか？

研修でそう質問すると、「Aさんはネガティブで Bさんはポジティブ」「Aさんは自分が負けたい人で、Bさんは自分が勝ちたい人」などと、いろんな意見が出てきます。

「みなさんの会社には、Aさんも、Bさんもいますよね？」

こう質問を重ねると、言葉にはなりませんが、うなずきや表情で「Yes」の返事が返ってきます。

私は、さらに直球でこう聞きます。

「AさんもBさんも、みなさんの会社にいますよね。そして2人の給料はそんなに変わらなかったりしますよね。そして、2人ともクビになったりしないですよね。では、この現実から学べることは、なんですか？」

(学べること……？)

「？」がクラスに充満するので、私は質問を変えます。

「では、AさんとBさんは、どちらが主体的ですか？」

そう尋ねると、1万人の中の、大多数の人が「Bさん」に軍配を上げました。

さて、本当にBさんの方が「主体的」な人なのでしょうか？

このケースで学べることは、「**人間は、同じ出来事に対して、違う行動を選択することができる**」ということだけです。ちなみに他の動物はこの力が弱いそうです。「お腹がすく」という出来事がおきると、「他人の餌でも奪いに行く」という同じ行動をとることが予測できます。

しかし、人間は、動物のようにはみなが同じ行動を選択しません。

東日本大震災のとき、被災地では食べ物もガソリンもひっ迫しました。だからと言って、皆が他人の家に行って、略奪したでしょうか？　残念ながら現実は美談ばかりではなかったようですが、一方で「自分から炊き出しをした」人もたくさんいたのです。そうです。人間は、同じ状況でも、違う行動を選択するし、できるのです。

では、AさんとBさんは、どちらが「主体的」なのでしょうか？　実はこの時点ではわからないはずです。たとえば、会社の業績が悪化して、Aさんがリストラに遭ったとしましょう。このように選択にはいつか「結果」が現れます。このときに、真実がわかります。

「リストラに遭いましたね。この結果をどう考えていますか？」

この質問に対し、Aさんは、胸をはって、こう答えます。

「あのとき上司に再提案しなかったことが大きかったと思います。ただ、あのとき、私は再提案したくなかったのです。ですから、あのときの選択も100％私の選択です。ですから、このリストラという結果は、自分の選択の結果です」

もしこうおっしゃったのなら、実はAさんは「主体的な人」なのです！

一方のBさんは、このような前向きな選択の結果、人との衝突が増え、心身ともに調子を崩し、まるでかつての誰かさんのように休職になってしまいました。

「世の中おかしいよ……なんで俺がこんな目に遭って、Aはのほほんと会社で給料もらっているんだよ……」

Bさんがこう言ったら、どうでしょうか？ 少し怪しくなってきましたね……では、さらに質問をしてみましょう。

「え？ それは、Bさんの、ご自身の選択ではないんですか？」

Bさんは、気色ばんでこう答えます。

「冗談じゃない！ 会社が、上司が、前向きな人材を望むというから、〝しかたなく〟そうしただけだ！ 俺の選択なんかじゃない！」

こう答えるBさんは、はたして主体的な人でしょうか？

仕事の「主体者」とは「選択の主体者」です。結果が出たときに「はい、自分の選択の結果です」と言える人です。つまり「自己選択」の人です。自分には不都合な結果が出たときに、「だって、それは、上司がそうしろって言ったから……」などとその選択を「他者選択」にする人を、仕事という種目では「主体者」とはみなしません。そして、もちろん、これは、「人生」でも同じ話です。

「仕方がない」。この恐ろしい言葉を、ビジネスの現場でよく、特に若手から聞きます。「仕方がない」とは「選択肢がない」ということです。しかしそれは、自分が人間である以上、ウソです。Bさんには、Aさんのような「再提案なんかしない」という選択もあったのです。そして、「あきらめる」か「再提案するか」以外にも、「上司を飲みに誘って口説く」など、**いくらでも「仕方」はあるのです。**

❖できる人は、「仕方がたくさんある」人

「自己選択」という行動原則の、入社3年目の人たちに一番伝えたい本質は、「選択肢を広

げる選択をしてほしい」ということです。

仕事における能力開発とは、選択肢を広げることです。「語学力」が一番わかりやすい事例です。私のように日本語しかできない人は、せいぜい日本に住む1億人強を相手にしたビジネスしか選択できません。しかし、英語ができる人は、世界中の数十億人を相手に仕事ができる可能性があるのです。

「上司に企画を提案したら、否定された」

この出来事に対する選択肢は、A「あきらめる」、B「再提案する」の2択だけではありません。「飲みに誘って口説く」「3人の同僚と再アタックする」「上司の上司に持ち込む」「信頼されている別の先輩に代わりに提案してもらう」「会社を辞め、別な会社に売り込む」……1分間考えただけでこれだけの「仕方」があることに気づくはずです（図表7）。

仕事ができる人というのは、常に「仕方がたくさんある人」です。仕方を増やすために、視野を広く、視座を高く、視点を変えて思考している人です。パッと思いついた2択の中からではなく、より多くの豊かな選択肢の中からの方が、納得した「自己選択」ができ、自分のその選択を引き受けることができるのです。

図表7　選択肢を広げる選択とは……

	出来事		選択
×	上司に提案を否定された	➡	あきらめるしか“しかたがない”
○	上司に提案を否定された	➡	あきらめる 三日後に再提案する 上司の上司に持ち込む 先輩に雑談する 飲みに行って口説く 実績を出してから再提案する ……

「しかたがない」というのはウソ。仕方＝選択肢はいくつもある

そんな大事な選択肢を増やすために、もっとも大切なことは「まず、やってみる」ことです。

20代の私が、インドに自分探しの旅に出たとしても、「研修講師」という天職には絶対に出会えなかった自信があります。34歳で実際に社内講師を「やった」から、キャリアの選択肢に加わっただけです。

映画『タイタニック』の女性の主人公ローズは、ジャックからそのことを学びます。

タイタニックに乗り込んできたときのローズは、まさに「ミス・シカタガナイ」でした。親にお金がないから、親が決めた嫌な人と結婚しなければ……でも嫌だ、もう死のう……。

こんな「2択」しか思いつきません。

図表８　「7つの行動原則」

そんな彼女は、自己選択の鏡といえるジャックと出会い、恋に落ちます。ジャックはアメリカからフランスに絵描きになりに行き、なれずにチンピラのような状態にまで堕ち、ポーカーで勝ってタイタニックのチケットを手に入れ、乗船し、ローズと出会い、恋に落ちます。

２人は救命ボートに乗れずに、冷たい海に叩き込まれます。そこにある1枚の板……ジャックはローズを板に載せ、自分は海に浸かるという選択をします。

いよいよジャックにも、力尽きるときが来ます。そのとき、ジャックはこう言うのです。

「この船のチケットが手に入ったことは、人生最良の出来事だった。君は生きてくれ……」

ジャックは「ポーカーであいつが勝ったら、こんな船に乗らないですんだのに……」「おれが金持ちだったら、救命ボートに乗れたのに……」「お前がいるから、しかたなくこの板を譲ったんだ……」そのようなことは一言も言いません。それらは、すべて、「自分の選択」なのです。すべての選択を、「自己選択」として引き受けたのです。

生き残ったローズは、100歳まで生きます。彼女は、その後の自分の写真立てを誇らしげに持ち歩きます。その後のローズは、「女優になる」「飛行機に乗って戦争に出る」「アフリカに行く」「大きな魚を釣る」……まさにやり放題です。

これらの選択は、おそらくタイタニックに乗る前のローズも、想像はしていたのでしょう。しかし、彼女は、やる前に、「いや、できるわけはない」とあきらめていたのです。

彼女がタイタニックで学んだのは、「やれるかどうかは、やってみなければ、わからない」「やってみてから、やれるかどうか、決めてみよう」「人生は、自分の選択でできている。選ぶのは自分であり、それを引き受ける」ということだったのでしょう。

入社3年目の、その狭い選択肢の中で、絞り込んで将来を決めるなんて、本当に危ない選択です。3年目からどれだけキャリアの写真立てを、つまり「選択肢」を増やせるか、それが勝負なのです（図表8）。

POINT

正解のない「仕事という種目」での主体者は、「自己選択」の人
選択肢を多く持つ人が、豊かなキャリアを選択していく

COLUMN

研修も、勉強ではなく「仕事」

企業で行われる研修も、勉強ではなく、仕事です。いくら「勉強」しても、仕事はうまくなりません。仕事の本番を離れて、「仕事のトレーニング」をする場が企業研修だと私は考えます。ですから、研修も「**７つの行動原則**」です。

たとえば、ワークショップ形式の研修にも関わらず、ひとことも話さず、ひたすら講師の発言をメモしている参加者がいたりします。その姿勢は塾ではＯＫですが、仕事ではＮＧです。

仕事は価値創出、アウトプットの種目です。「**相手に、チームに、クラスにどのような価値を創出するか**」が大事であり、そのような価値創出の練習をする場こそ研修なのです。実際に私の先輩で、海外のワークショップで、ひとことも話さずにひたすらメモをしていたら、他の参加者たちに「このチームとクラスに貢献しないのなら、帰ってくれ」と言われてしまった人がいます。

相手の立場に立たない、段取りのない、「**逆算**」しない参加者も問題です。短い時間でのグループワークなどで、相手かまわず自分だけ話しまくる人や、ゴールからの逆算の段取りがなく、タイムアップとなる人をよく見かけます。

研修でのグループワークの成否は、日頃、いい「型」で、そのようなグループワークの場数をいかにたくさん踏んできたかによって左右されます。場数が少ない人は、いきなりうまくはできません。やはり実力は「**守破離**」で伸びるものなのです。

「10分ではできませんでした。ちゃんとしたアウトプットが必要なら、時間をください」と平然と言う人がたまにいますが、時間や品質、与えられたリソース、メンバーの力量などといったさまざまな要素を「**同時多面的**」に考えながら、「限られた時間」と「最高のアウトプット」の「両立」を図るのが仕事です。同じ条件でもそれができる人は、同じ3年目でも他社にはたくさんいますので、そう言う人は、その人たちとの競合には負けてしまうでしょう。

そして、もっとも大事なのは、良好な、信頼感のある人間関係を築きあげられるかどうかです。信頼を軸とした良好な人間関係構築という**「てこ入れ」**ができないグループは、いくら頭がいいメンバーがそろっても、ギスギスして、いい成果は出ないものです。

そして……**「自己選択」**です。短い時間で、いい品質のアウトプットを、良好な人間関係を維持しながら……それがすべて実現できればいいですが、どこかで、何かを選ぶ、逆に言えば捨てなければならない場面が研修にもあります。そう言った場面で、多くの選択肢を考え、その中から自分で選び、その結果を自分で引き受けられるかどうか、です。

本章のまとめ

〈仕事という種目の「7つの行動原則」〉

・仕事とはアウトプット型の種目であり、「逆算」での「価値創出」が求められる。

・仕事力は「守破離」で伸ばし、知的生産性は「てこ入れ」で高める

・ビジネスセンスは「両立」で決まり、仕事では全体像とつながりを意識した「同時多面的」な行動が必須となる

・正解がない仕事という種目は、「選ぶ」種目である。したがって、「自己選択」が行動原則の核《コア》になる。

第4章

ビジネススキルを「原則」で使いこなす

相手を説得するために、正論など持ちだしてはいけない。相手にどのような利益があるかを、話すだけでいい。

ベンジャミン・フランクリン（物理学者・発明家）

INTRODUCTION

前章では、「7つの行動原則」を紹介しました。

ここからは、いよいよ実践編です。

どの業種でも、どの職種でも、サラリーマンでも、独立しても、絶対に必要な2つのスキルが仕事にはあります。

ひとつは「ビジネスコミュニケーション」です。仕事は団体種目です。少なくとも「売り手」と「買い手」の二人がいなければ、仕事は成立しませんし、現実にはもっと多くの人たちが関わり合って行われます。ですから言うまでもなく、この種目ではコミュニケーションが必須となります。

もうひとつは「PDCA」です。多くの企業の採用ホームページに、求められる人材像として、「自分で考え、自分で行動する人材」といったことが書かれてますが、これは別な言い方をすれば、「自分でPDCAサイクルを回せる人材」ということです。

スキル（アプリ）を原則（OS）で使いこなすとは、どういうことなのか？

要素還元的ではない、ホリスティック（全体的）な、統合的な仕事力とはなにか？

この章では、この2大スキルを題材に、「7つの行動原則」を実際に現場でどのように活用するのかを考えていきます。

1 ビジネスコミュニケーションを磨く

❖そもそも、コミュニケーションとは何か

「ビジネスでは、コミュニケーションが大事だ」

どの会社でも、このセリフを本当によく聞きます。大事だとおっしゃるので、「それでは質問します。そもそも『ビジネス（仕事）』とはなんですか？」と質問してみると、第1章、第2章に記した通り、意外と具体的には説明できない人が多いのです。

それはさておき、本題に戻りましょう。

あまりにコミュニケーションが大事とおっしゃるので、こう質問をします。

「そもそも、コミュニケーションとは何ですか？　具体的に説明してください」

もし、私がその質問をされたら、最初の「そもそも」の答えとして、これを説明します。

「コミュニケーションとは、**『言語コミュニケーション』**と**『非言語コミュニケーション』**を統合したものです」

20代の私は、このことが腹に落ちていなかったのです。「コミュニケーション＝言語（言葉や文字）」という感覚ですごしてしまいました。

言語コミュニケーションとは、文字通り言語を使ったコミュニケーションです。具体的には、話したときの「言葉」や「メール」での「文字」などがそれに相当します。

非言語コミュニケーションとは、言語以外のコミュニケーションです。具体的には、服装や髪形、表情、ボディランゲージ、持ち物、声の大きさ、声の速さなどです。

学校の勉強、特に受験は、主に「言語コミュニケーション」で競います。テスト中の姿勢や髪形、表情がどうであれ、答案用紙に同じ言語を書けば、同じ結果となり、同じ点数がもらえます。しかし、**仕事のコミュニーションは「言語＋非言語」の総力戦**で行なわれます。

「どうもすみませんでした」

このセリフをAさんは、立って、上司の目を見て、申し訳なさそうな表情で、深々と腰を折りながら発します。もう一人のBさんは、同じセリフを、上司ではなくパソコンを見つつ、キーボードをたたきながら、無表情で発します。はたしてこの2人には、学校のテストのように同じ点数が与えられるでしょうか？

もうひとつのコミュニケーションの「そもそも」として、**「コミュニケーションとは、『舞台の上での力』と『舞台を作る力』の掛け算で成り立つ」**ということも外すわけにはいきません。

コミュニケーション力というと、「プレゼン力」「商談力」「面接力」といった「舞台の上での力」だけを考える人がいます。もちろん、舞台の上できちんと演じられる力は大事です。しかし、ビジネスでは、「その舞台を自分で作る力」がそれ以上に大事になってきます。「アポが取れない営業に、商談のチャンスなどない」のです。たとえばどうしても上司に報告しなければならないことが発生したときです。しかし、上司は「近寄るなオーラ」を非言語でまき散らしながら、パソコンを打っています。このような場面で「舞台を作る力」が試されます。

「ダメだ……あとにしよう」と行けない人もいれば、「すみません！　緊急の報告があります！」と勇気をもって声をかける人もいます。また、声をかけたあとに「よし、なんだ」と言われる人と、「忙しいんだ、後にしてくれないか」と言われる人とに別れてしまうのです。

「アポが取れない営業に、商談のチャンスなどない」のです。

福岡に出張で行って、夕食を食べにひとり居酒屋さんに入ったとします。そこで、他のお客に話しかけない人は、ＴＯＥＩＣ９９０点を取れたとしても、ニューヨークのバーでアメリカ人と英語で会話することはおそらくないでしょう。

❖交渉力を高めるための「守るべき型」

仕事で一番大事なコミュニケーション力は「交渉力」です。なぜなら仕事は「正解のない種目」だからです。ですから、すべて「交渉」になるのです。

「シフトを変えていただけないでしょうか……」

「8月に、10日ばかり休暇をとろうと思うのですが……」

これらのことも、言ってみればすべて交渉です。交渉の良し悪しによって、「ダメだ！」と「いいよ」に分かれてしまうのです。

では、ここで「効果的な交渉」のための守るべき型とは何かを考えてみましょう。

その交渉が効果的であったかどうかは、交渉された側、つまり「相手の立場」に立てばわかります。ですから「逆算」で考察していきます。

たとえば、あなたが上司に「ある企画をやらせてほしい」と提案している場面で考えてみます。まず、上司の立場に立つと、あなたとは２つのことをコミュニケートしていることがわかります。

一つは「提案内容」です。これは主に言語が担います。あなたの話す言葉や渡した資料の文字をもとに、上司は「あなたの提案内容」を理解しようとします。

もう一つは「あなたが何者であるか」です。「この提案をしているこの人は、いったいどんな人なのか……」。相手は、非言語も含め、あなたとその点もコミュニケートしています。

「こんな内容ではなぁ……」と「提案内容」が悪ければ、上司は当然Ｙｅｓと言えません。しかし、内容の良し悪しだけでは交渉は決まらないのです。もうひとつあるのです。

内容がいくらよくても、「おまえに言われてもなぁ……」と「あなたが何者であるか」が悪く伝わってしまっていたら、どんなに提案内容が良くてもアウトなのです。

「提案内容」と「提案している人」の両方がＯＫで、はじめてＹｅｓとなるのです。いつも会議に遅刻している人が、「研修には遅刻しないように」と素晴らしい発言をしても、あなたは決して納得しないはずです。逆に言えば、常に時間厳守で、プラスαで「価値創出」してきた、信頼されている人が言うと、多少内容が荒くて甘い提案でも、けっこう通ってしまったりすることがあります。

次の観点です。これも、交渉される上司の立場から「逆算」して考えてみましょう。

論理的な正論だけでぶつかってくる部下がいます。しかし、そこに「好感」を覚えませんし、「気持ち」や「想い」を感じません。ニコリともせず、事務的に、淡々と、まるで自分の頭にだけ働きかけてきます。

一方、気持ちや熱意だけでぶつかってくる部下がいます。「お願いします」という気持ちは伝わってきますが、「中身」「論理」「具体性」がまったくありません。

この２人の部下に、上司は「Ｙｅｓ」と言えるでしょうか？　現実にはなかなか難しいと思います。「頭だけ」でも「気持ちだけ」でも人はなかなかＯＫできません。**「頭も」「気**

持ちも」両方OKできて、はじめてYesとなるのです。

最後の観点です。これは、あなた自身のケースで考えてみてください。先輩に悩みを話したとしましょう。

A先輩は、10分間、じっくりあなたの話を聴いてから、「でも、あなたもこうしたら」と一つだけ提案してくれました。一方、B先輩は、あなたが悩みを話し出したとたんに、わずか5秒後に「でも、あなたもこうしたら」と提案してきます。

A先輩とB先輩の提案内容は、結果、言語的には、一言一句、同じものでした。

では、あなたの、その提案の「受け取りやすさ」は同じでしょうか？　まったく違うはずです。Aさんの方が、同じ内容でも、圧倒的に受け取りやすいはずです。

私が調べた限り、優秀な営業は、私と違い、みな「聞き上手」でした。「どうしてそんなに聴かなければならないんですか？」という私の質問に、みなさん、笑ってこう答えたのです。

「それは……堀田さんだって、自分の話を聴いてくれた人の話しか、聴かないでしょ？」

以上が「効果的な交渉」の型になります。

実は、この型には見事に「7つの行動原則」が凝縮されています。

図表9　「頭」と「気持ち」を「両立」で聴く

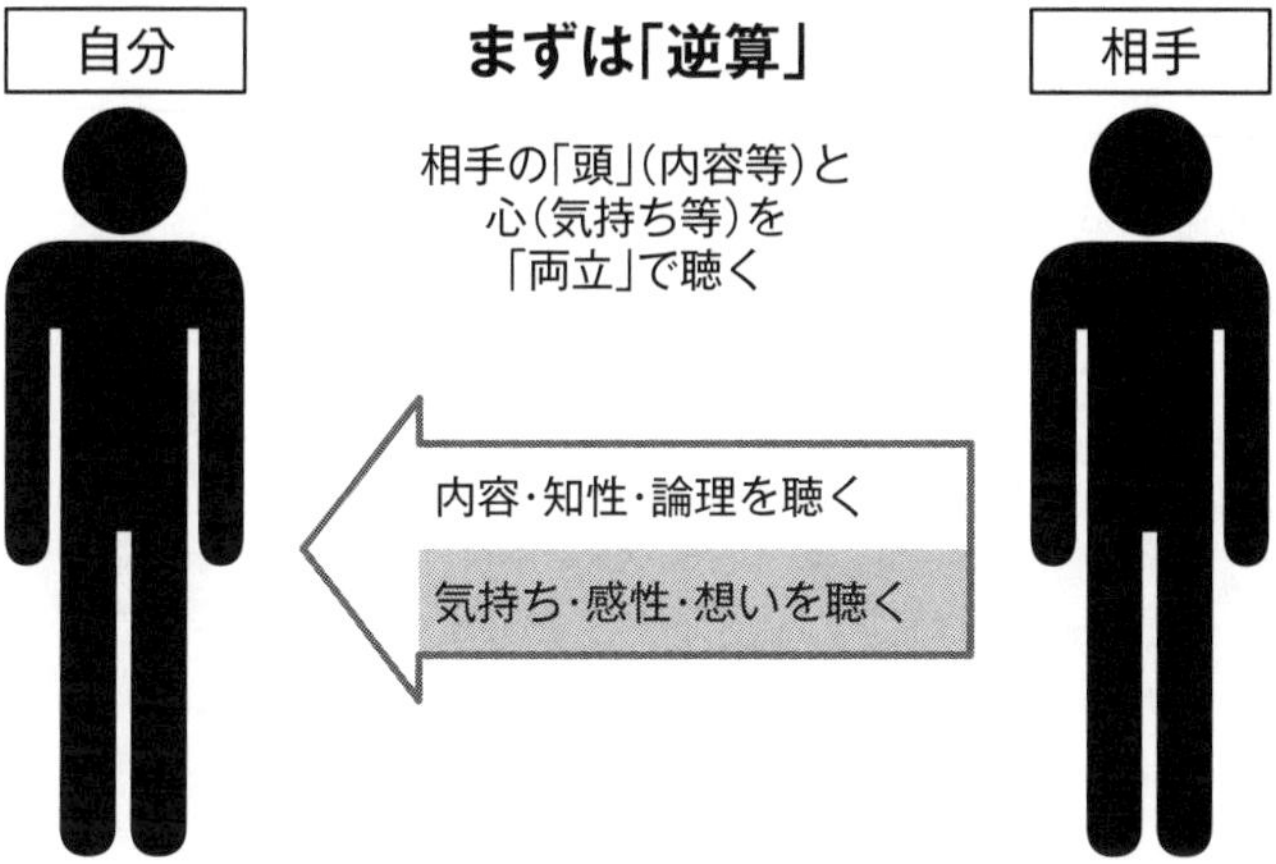

では、この「型」で、原則を活かした交渉を実際にどのように上司とすればいいのか、具体的に考えてみましょう。

❖「7つの行動原則」で交渉を実践する

まずは、基本スタンスとして、**「価値創出」というベクトル**でいくかどうかに、交渉のすべての成否がかかります。「上司にこうしてもらいたい」というインプットのベクトルだけでは、どんなにスキルを駆使しても、いい交渉にはならないでしょう。

上司も、勝てるから、自分にもメリットがあるから、Ｙｅｓと言うのです。「上司にしてもらうこと」だけを考える部下というのは、「自分の売上をあげること」だけが目的の営業と同じくらい、相手に失礼です。

そして、まずは「**逆算**」です。**「聴く」コミュニケーション**をたっぷりとしましょう。

聴くとは「耳＋目・心」と書きます、耳で内容を聞きながら、目と心で上司の非言語にも着目しながら、じっくりと上司の「頭」と「気持ち」を「**両立**」で聴きます（図表9）。

じっくり聴いた結果、上司は「部下たちの残業が多いこと」「かといって、課の数字を落とすわけにはいかないこと」を大変気にしていることがわかりました。実は、あなたも、後輩から「残業が多すぎて困る」という問題を預かって今日この交渉に臨んでいるのです。そこで、あなたは上司に提案します。上司の頭には、「ロジカル」に短く簡潔に、上司にも後輩にも**「勝ち＝価値」のある、Ｗｉｎ－Ｗｉｎ（両立）の提案**をしましょう。

ロジカルな話ができるようになるには、**「良い型」での「守破離」**が大事です。

実は、ロジカルな話し方にはちゃんと「型」があるのです（この型については、のちほど、ご紹介しましょう）。

ロジカルに伝える一方、気持ちも伝えることを忘れてはいけません。**頭と心、知性と感性、情と理の「両立」**が大切です（図表10）。

図表10　気持ちをこめて、ロジカルに伝える

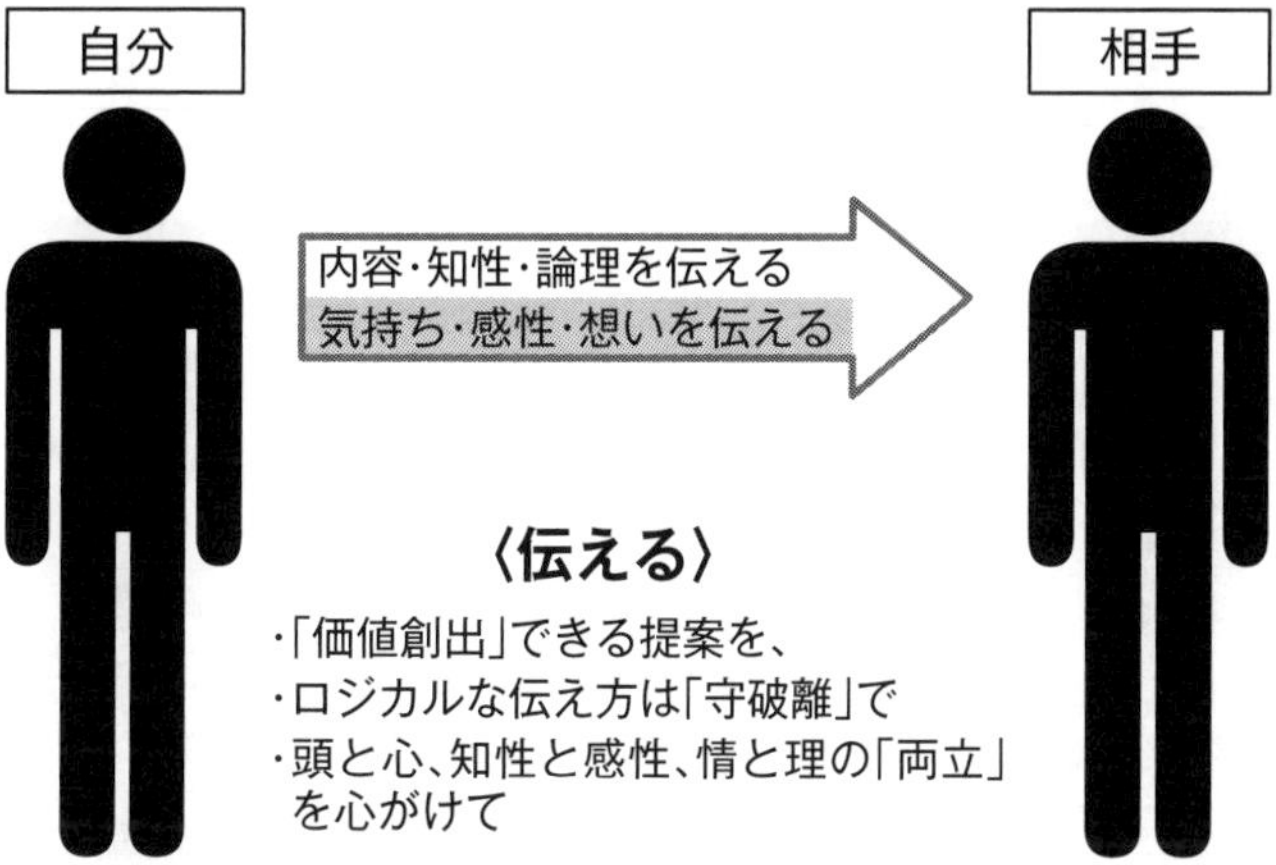

図表11　信頼を増やす

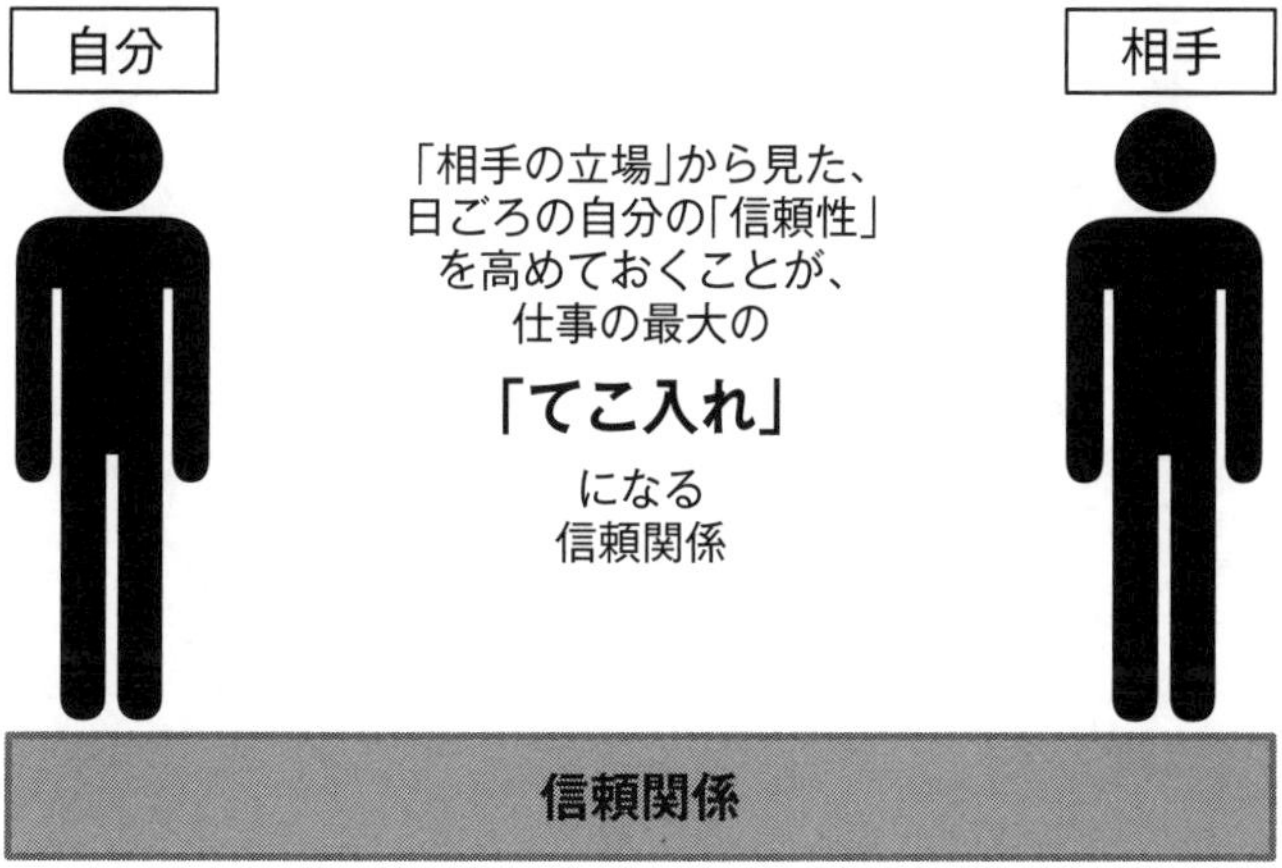

図表12　交渉力の「型」

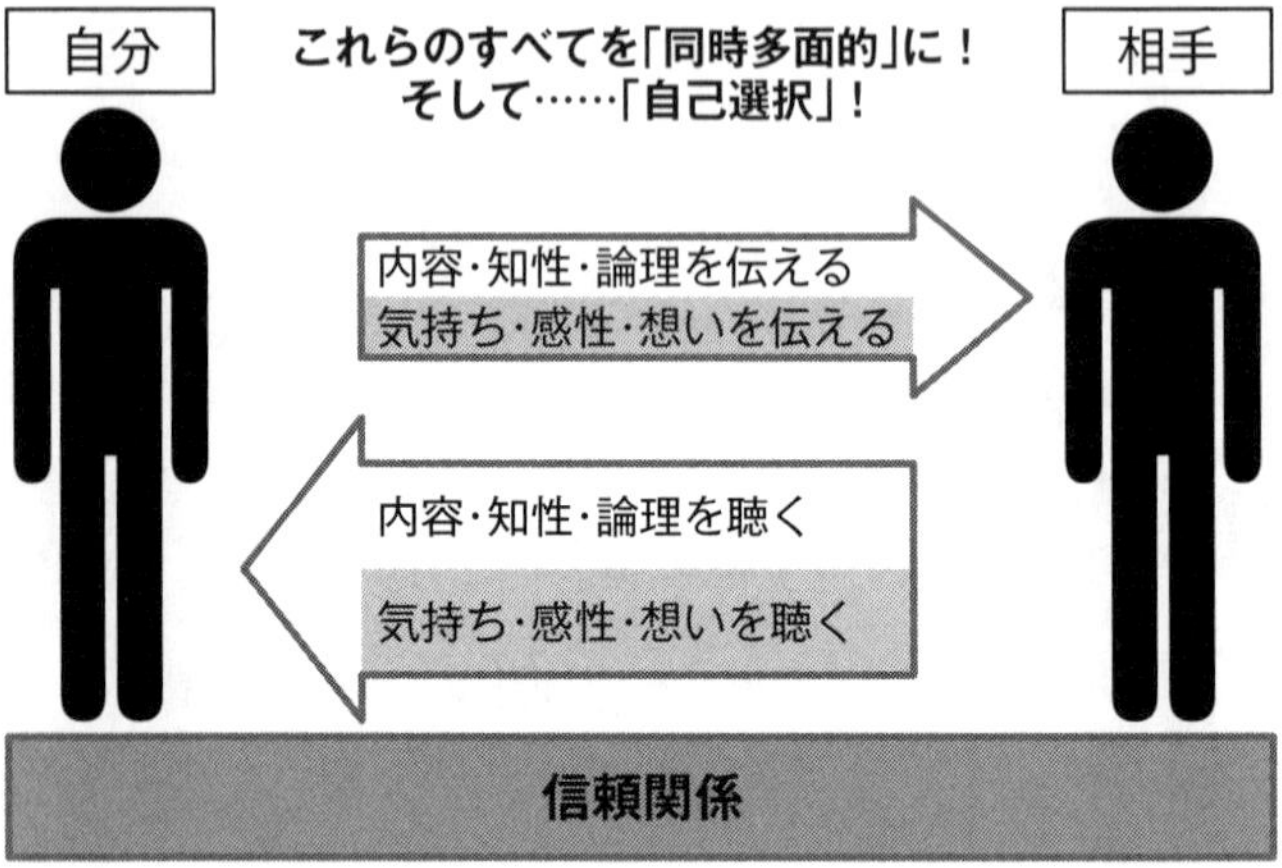

さて、どんなにいい聴き方、伝え方をしても、その提案内容がどんなによくても、あなたが、ビジネスパーソンとして上司に信頼されていなければNGです。実際、20代の私は、上司に提案した後、ただ一言「その前に机を片づけろ！」と言われて却下されたことがあります。チームの残業時間を減らす提案をしているあなた自身が、日頃満足に手帳ひとつ使っていなかったり、読む方が大変な冗長なメールを書いていたり、会議に平気に遅刻したりしていたら、「お前にだけは、言われたくないよ」で終わりです。**「信頼を増やす」のが、ビジネスコミュニケーションの、仕事の最大の「てこ入れ」**です（図表11）。

ここの土台が分厚くてしっかりしていれば、

多少聴き方が悪くても、口下手でも、内容が甘くても、「Ｙｅｓ」となるものなのです。交渉中は、以上のことを常に**「同時多面的」にマネジメント**します。

・いい話をしているが目つきが悪い……

・ちゃんと耳では聴いているが、ペンを回しながらだった……

・頭は使っていたが、気と体は使っていなかった……

このような交渉では、上手くいくものも上手くいきません。あわせて「心技知体」も同時にマネジメントするのです。そして「**自己選択**」です。ここは聞く、話す、論理で行く、気持ち強めで行く、さらに提案する、今日のところはここで切りあげる……瞬間瞬間に正解のない無数の選択があります。その中から、**自分で選択し、その結果は自分で引き受けるのです**（図表12）。

❖できる人が、「二つ上の立場」で仕事をするワケ

「二つ上の立場に立って仕事をしなさい」

組織で働く上でのスタンスとして、これが定石だとよく言われます。

ポイントは、「一つ上ではなく、二つ上」にあります。その心がわかりますか？

私は「課長を説得するには、部長の立場から」とシンプルに理解しています。組織で働く人にとって、「一つ上」からOKをもらえるかどうかが生命線です。目線の低い人は、「自分の立場」で「こうしてくれ」「ああしてくれ」と上司に働きかけますが、上司の立場に立つと、このような「天に唾を吐く」ような話には、なかなかYesと言えないのです。

課長がOKと言える話は、課長が部長に持っていってもOKな話だけです。ですから、「部長の立場」から話しかけるのが、課長を説得するには正しいベクトルになります。

霞が関の官僚が大臣を説得する決め言葉は「総理もこれを望んでいます」だと聞いたことがあります。それが本当なのかはわかりませんし、またいいことなのかどうかは別ですが、少なくとも「官僚としてはこうしたい」などと言っては、まとまる話もまとまらないのは私にも十分に理解できます。私は「国民はこれを望んでいます」というのが、本来あるべき二つ上からのアプローチだとは思いますが。

「相手と効果的に関わりたかったら、『相手の相手』の立場に立て！」

対上司だけでなく、この考えをもう少し広げて考えると、これが効果的な交渉の（というよりも仕事の）鉄則になります。

もし、あるお店に自分の商品を置いてほしかったら、どうしますか？

「自分の立場」でその製品を猛然とＰＲするのは最悪です。

「そのお店の立場」で、その製品をＰＲしても……難しいかもしれません。

「そのお店にいらっしゃるお客様」の立場で提案するのが、定石になります。

私も研修講師として、この点はとても大事にしています。参加者がもっとも気にしているのは、講師である私でもなく、人事部の担当でもなく、自分の現実の職場にいる上司だったり、自分が担当している相手企業のバイヤーさんだったりします。ですから、「そういった相手の立場から」自分が見られるような、そんな研修を心がけています。つまり、いい仕事をするためには、やはりどうしても、高い視点、広い視野が必須です。

「自分の勝ち」だけを狭く考えていては、いい仕事は決してできないのです。

❖ロジカルコミュニケーション力は「守破離」で伸ばす

さて、「交渉の型」にもどりましょう。この中では、ロジカルに伝えるのが実は一番簡単かもしれません。なぜなら、ちゃんと「型」があるからです。その型どおりにアウトプットすれば、たいていロジカルに伝わります。

特にビジネスコミュニケーションで必須な「報連相」は簡単です。これから紹介する2つの型を使えば、いますぐ、だれでも、ロジカルに伝えられます。報告や連絡には「**ホール・パート法**」、相談や提案には「**PREP法**」です。

①ホール・パート法

ホール・パート法は名前を知られていないだけで、おそらくほとんどのビジネスパーソンが知っている「型」だと思います。

「いまから、私が研修で学んだことをご報告します」（「ホール」＝話の全体像）。「私が学んだことは3点あります（全体がいくつの「パート」に分かれるか）。1つ目は「感性価値」、2つ目が「手帳の重要性」、3つ目が「自己選択」です。

1つ目の「感性価値」ですが、自分はいままで知性価値ばかりで……。

2つ目の「手帳の重要性」ですが、自分の手帳はただアポを記入しているだけで……。

3つ目の「自己選択」ですが、私は主体性の意味を勘違いしていました……。

以上3点が、私が本研修で学び、実践したいことです」


「ホール・パート法」という名前がキモです。つまり、必ずホール（全体像）から先に話し、それが何パートに分かれるかを次に言い、それからパート（部分）の話をするのです。

ロジックの基礎は、「分けること」です。**相手が「わかりやすい」と思えるのは、あらかじめ「分けてある」から**なのです。逆に言えば、自分が分けられない話をかたまりでぶつけられても、相手がわかるわけがありません。ホール・パート法はいろいろな場面で使えます。口頭での報告や連絡はもちろん、メールでの報告・連絡にもぜひ使ってみてください。

相手の立場、つまり読み手から見ると、ホール（全体）から書かれたメールの方が、圧倒的に読む時間が短縮されます。パート（部分）からダラダラと積み上げられ報告は、最後まで読まないと、要はなんだかわからなくて困るのです。そして朝礼などもホール・パート法でどうでしょうか？

「今日お願いしたいのは、この3点だけです！」

こう言った方が、ダラダラと話すより、断然伝わります。

会議のときは、ポストイットに自分の意見が何点あるか書いてから発言しましょう。「私は3点あります」と言ってから話しただけで、ちょっと世界が変わるはずです。

②PREP法

相談と提案は、①Point（結論）、②Reason（理由）、③Example（具体例）、④Point（結論）の頭文字をとった「PREP法」でいきましょう。

先ほどの上司との交渉例でいうと、こんな形になります。

①週に1回のチームのナレッジ共有ミーティングの実施を提案します（P＝結論）

②なぜなら、効率化と成果の向上の両立が期待できるからです（R＝理由）

③具体的に言いますと、いまメンバーの仕事は、個人商店化してしまっています。同じような企画書を、1人ひとり、一から書いて、残業したりしているのです。毎週ナレッジミーティングを持てば、だれがどんな企画書を書いているかがわかり、共有と横展開が図れます。そうすれば、課全体の残業量はかなり削減され、お客様への提案の質とスピードも高まると考えます（E＝具体例）。

④ですから、ナレッジミーティングを週一で行いたいのですが、いかがでしょうか（P＝結論）

相談するからには、自分がどうしたいか（P＝結論）を持っているべきです。そして、その結論がなぜいいのか（R＝理由）、具体的にどんなメリットがあるのか（E＝具体例）を話す必要があります。ホール・パート法もPREP法も、その名前からもわかるように、グローバルに使える「型」です。そして、型である以上、「守破離」になります。

「論理的な頭になったら、PREP法でかっこよく話そう」

これが、人生を棒に振る思考法です。「泳げるようになったら、はじめてプールで泳ごう」と言っているようなものです。

「ホール・パートやPREPで、たくさんアウトプットしたから、頭が論理的になった」

この順番しか、ありえません。

使い始めのときは、上手く話せず、あるいは先輩にからかわれ、恥をかくかもしれません。しかし、それでもあきらめずに、使い続けた人にだけ、論理的な力と破り、離れたさまざまな論理的なアウトプット力が与えられるのです。

❖商談に勝つと、商売に負ける

「商談に勝つと商売に負ける」

30歳を過ぎて知った、私がもっとも衝撃を受けた言葉です。たしかにお客の立場に立てばこのことがすぐにわかります。

「営業に言い負かされてものを買う」なんていうことはまずありません。「徹底的に論破されて車を買った」なんてことも聞いたことがありません。

お客は「今回はいい買い物だった=勝った」と思うから買うわけであり、次も「自分が勝てる人」からだけ買おうと思うのです。ですから、真に腕の良い営業とは、毎回お客様が「今回も勝っちゃったぜ、また得をしちゃったぜ」と感じるエンディングにもっていける人です。悲しいことにこれを社内に適用してみて、私はさらにギョッとすることになります。

みなさんは、「上司に勝つ」「後輩に勝つ」「他部署に勝つ」なんてことを、していないでしょうか？

上司だって、自分を勝たせてくれる部下が好きです。
後輩だって、自分を勝たせてくれる先輩が好きです。
他部署だって、自部署の勝ちを考えてくれる部署と仕事がしたいはずです。

20代の私は、自分の方が正しければ、つまり自分の方が論理的に勝っていれば、相手が素直についてきてくれると思っていたのです。おそらく、このような考え方をしている人を「子ども」というのでしょう。では、ただ相手を勝たせればそれでいいのでしょうか？

自分だけが勝ってもだめですが、自分が負けるのもＮＧです。
「本当はスケジュールがいっぱいなのに、ＮＯと言えずに仕事を受けてしまった」
「本当は納得していないデザインなのに、ＯＫをしてしまった」

これでは「相手のいいなりになっている」だけです。

ということで、「Ｗｉｎ‐Ｗｉｎ」の出番です。

Ｗｉｎ‐Ｗｉｎを実践していくためには、次の３つの条件が必要です。

１つは**「相手のＷｉｎを、正確に理解すること」、つまり「逆算」**です。ですから、優秀な営業は１００人が１００人、まずは話さない（７・８割は聞く）」というのです。

２つ目は**「自分のＷｉｎを持っていること」**です。

「私はどうしたらいいですか？」

「言われた通りにやりますので」

このように自分のＷｉｎのない人は、Ｗｉｎ‐Ｗｉｎの舞台に立つことができません。相手のＷｉｎの下請け工場になるだけです。

「で、君はどうしたいの？」

上司に相談に行くと、逆に上司にこう言われることがよくあると思います。これは、逆ギレでもなんでもなく、**「人にＷｉｎを聞くなら、まず自分のＷｉｎを提示しなさい」**ということなのです。

仕事では、「相手のＷｉｎ」と「自分のＷｉｎ」が違うことが、ままあります。

たとえば、スープのＣＭのタレントの選定ケースで考えてみましょう。このスープのターゲットは、主婦であり若い女性です。

正確に言うと、主婦と若い女性が購買ユーザーで、子どもと若い女性が使用ユーザーです。このブランドでは、「朝」で「健康」で「本物」のイメージが命です。

ですから、あなたは、朝ドラでも活躍した土屋太鳳さんを起用したいと考えます。その腹案を持ちながら上司に相談すると、なんと上司は『嵐』がいい！」と言いました。理由は簡単。「若い女性と主婦に、これほど人気のあるタレントはいない！」です。

さて、みなさんなら、どうしますか？　20代の私の思考法は「『土屋太鳳さん』か『嵐』か、議論してどちらか決める」です。つまりＷｉｎ－ＬｏｓｅかＬｏｓｅ－Ｗｉｎの２択のゲームをしてしまうのです。

では、Ｗｉｎ－Ｗｉｎではどうなるでしょうか……。２人がお互いの狙いをじっくりと理解した結果、どちらかが「それでは、土屋太鳳さんと櫻井翔くんを２人で出したらどうか？」という第３案を思いつきます。あなたは「土屋太鳳さんひとりよりも、たしかにこの案の方がよりいい」と思っています。そして上司も「嵐５人より、この案の方がいい」と納得しています。こうなれば、立派な両立、Ｗｉｎ－Ｗｉｎなのです。

ですから、Ｗｉｎ－Ｗｉｎが成立する３つ目の条件は自ずとこうなります。「**両者の意見が、違うこと**」です。

❖ロジカルよりも現場で活きる「アサーティブ」

「論理的な力さえ私にあれば……」

研修をしていると、３年目社員の人から、そのような切実な願いをお聞きすることがよくあります。そんな方には「論路的思考力」の本を読むことよりも、「ホール・パート法」や「ＰＲＥＰ法」、あるいは後述する論理的なプランニングシートなどの「型」を使って、「守破離」で、論理的なアウトプットの場数をとにかく増やして伸ばしていくことを提案しています。

もちろん、仕事において、いわゆる「論理的思考力」はとても大事です。

「上司が明日の14時までに資料を作ってくれと頼んできた、しかし、あなたは他の仕事を抱えていて、どうしても14時までにはその資料を書くことができない」

図表13　コミュニケーションの方向性とは……

ビジネスコミュニケーションの成否は……
「ロジカルである」か「ロジカルでないか」だけでなく
「アグレッシブ」か「パッシブ」か「アサーティブ」かに大きく左右される

ロジカル	✕ロジカルでない ○ロジカルである
アサーティブ	✕自分のことだけを考える（アグレッシブ） ✕他人を優先し、自分を後回しにする（パッシブ） ○自分を大切にしながら他人へも配慮する（アサーティブ）

仕事では、こんな場面がよくあります。お互いの「勝ち」が見事に相反しているようなケースです。**このようなケースには、論理的思考力は案外無力**です。「それは上司がやるべきです。理由は3点あって……」なんて言ったところで、うまくいくはずもありません。やはり、商談に勝つと商売に負けるのです。このようなケースでのコミュニケーションの方向性は、「論理的か非論理的か」という切り口とは別に、次の3つに大きく分かれます。私は「ロジカルかロジカルではないか」以上に、これが、仕事の、あるいは人生の成否を分ける、もっと大事なコミュニケーションの分岐点になると考えています。(図表13)。

まず1つは、「**アグレッシブ**」です。

「できません。忙しいんです！」

「そんなことを言うなら、組合に言いますよ！」

このような攻撃的な、つまり「自分が勝ちに行く」コミュニケーションを実践する人を、「あの人はアグレッシブだね……」と言います。「Ｗｉｎ－Ｗｉｎ」の構図で説明すると、自分さえ勝てばいい、つまり「Ｗｉｎ－Ｌｏｓｅ」のコミュニケーションを仕掛ける人です。

２つ目は「**パッシブ**」です。パッシブなコミュニケーションとは、「は……はい」などと言って、できもしないのに受けてしまうような「受け身の」コミュニケーションを言います。つまり、「Ｌｏｓｅ－Ｗｉｎ」で、自分が負ける方を選ぶコミュニケーションをする人です。

そして３つ目が「**アサーティブ**」です。**相手にも配慮しながら、自分も尊重する**人です。つまり、みなさんがよく知っている「Ｗｉｎ－Ｗｉｎ」のコミュニケーションをする人であり、「７つの行動原則」でいう「両立」のスタンスの人です。

みなさんは、現場で、どのコミュニケーションを選択していますか？　アグレッシブですか？　パッシブですか？　それとも、アサーティブでしょうか？

実は多くの人は「アグレッシブな人」「パッシブな人」「アサーティブな人」といったよ

うにはきれいに分かれたりはしません。人は、場面によって、相手によって使い分けたりします。ビジネスの現場でよく見かけるのが、「上司にはパッシブで、後輩やアルバイトにはアグレッシブな人」です。

このような人が……信頼されない人の正体です。アグレッシブなら上司にもアグレッシブでいてください。パッシブなら、後輩に対してもパッシブに接してください。そのように一貫していた方が、まだ信頼されます。

一方、アサーティブな人は、いつでも、だれでも、ブレません。ですから、信頼されるビジネスパーソンになるためにも、アサーティブなコミュニケーションをおすすめします。

では、上司に資料を頼まれたこのケースでの、アサーティブなアプローチを具体的に考えてみます。まずは、上司の話をきちんと聞きましょう。やはり「逆算」です。14時までに、どんな資料が、なぜ必要なのか、相手の勝ち（Ｗｉｎ）がわからないのに、勝手に思い込んで交渉を始める人には、Ｗｉｎ－Ｗｉｎは決してできません。

ここで昔の私のように、絶対にアサーティブにならない人の特徴をお伝えします。

それは**「2択の人」「白黒発想の人」**です。このケースで「断る」か「受ける」かの2択しか思いつかない、そんな「白黒発想」の人には、アサーティブな、Ｗｉｎ－Ｗｉｎの結果を得るチャンスはゼロです。なぜなら、２択では、必ず「勝ちと負け」にはっきりと分かれてしまうからです。

アサーティブなコミュニケーションをしていくためには、**「選択肢をたくさん持てるか」**が重要なカギとなります。よく考えれば、このケースには、上司の依頼を「断る」か「受ける」か以外に、「時間を延ばしてもらう」「自分が抱えている仕事を、後輩に振らせてもらう」「上司の力で、自分が抱えている他部署からの仕事の締めを延ばしてもらう」……といったように、たくさんの選択肢があるはずです。

Ｗｉｎ－Ｗｉｎの初歩は「妥協」です。このように多くの選択肢を考え、上司に提案し、0か１００かで勝負して決裂するのではなく、50と50、60と40といった着地点を目指すのです。どうしても対応できないときは、ちゃんとその「ＮＯ」を主張しましょう（アサーティブとは、直訳すると「主張する」です）。

しかし、ただ直球で、あるいは論理的に「ＮＯ」を言うと、アグレッシブになりかねません。では、アサーティブなＮＯの伝え方というのは、どうなるのでしょうか？　アサーティブなＮｏの伝え方は、「Ｙｅｓと言えないのは、あなたが負けるから」というベクトルになります。

「やりたいのですが……私の残業時間が増えてしまうのです」

「やりたいのですが……私の業務が遅れると、お客様の大クレームになるのです」

部下の残業が増えることは、お客様の大クレームになることは、上司にとっても「Ｗｉｎ」ではなく「Ｌｏｓｅ」です。自分がＹｅｓと言うことが、相手の負けになることをきちんと伝え、どこかにＷｉｎ－Ｗｉｎの着地点がないか、丁寧に交渉をするのです。

POINT

行動原則にきちんと沿い、心技知体の総力を持って行うのが、ビジネスコミュニケーションである

2 PDCAを磨く

❖PDCAの「そもそも」

「計画（Plan）」「実行（Do）」「検証（Check）」「改善（Act）」のサイクルは、その頭文字をとって「**PDCAサイクル**」と呼ばれています。

ＰＤＣＡサイクルは第二次世界大戦後のアメリカで品質管理手法として構築されましたが、日本でもデミング氏らに伝承されて以降、主に生産現場で活用され、進化し（まさに守破離ですね）、いまでは新人研修でも教えられる、もっともポピュラーな「仕事の進め方」であり、守るべき型のひとつです。

そんなビジネスパーソンなら誰もが知っていると言っても過言ではない「ＰＤＣＡ」ですが、これも、まずは「そもそも」から考えてみましょう。

まず、最初の「そもそも」質問です。

「ＰＤＣＡはどこから回すものなのか？」

さて、みなさんの答えはいかがでしょうか？

ＰＤＣＡは「サイクル」なので、必ずしもＰから回し始めなければならないものではなく、どこから回し始めても大丈夫です。逆に言うと「Ｐから回す」という場面は、ビジネスの現場において、私自身、かなり少ないと記憶しています。

たとえば新人は、どこからこのサイクルを回すのが現実的でしょうか？

おそらく「Ｄｏ」からでしょう。こう言っては身もフタもないのですが、商談をやったことがない人が、机の上でいくら商談の計画を考えたところで立てられるはずがないのです。ですから、お客様には失礼ですが、先輩の商談を同行で何回か見たあと、「いいからまず、ひとりで行ってみろ！」といきなりＤｏからはじまることがよくあったのです。

さすがにそこまで乱暴にできないのであれば、先輩がある程度の計画を立ててあげて、それを新人に伝え、計画を理解した上でＤｏに入ってもらう、といった形がより現実的かもしれません。

しかし、計画を理解しようがしまいが、新人の最初の商談がそう上手くいくはずもないのも残念ながら現実です。ですから、**「Ｄｏのあとに何をするか」がとても大事になってきます**。そこで起きたことをチェックして、改善を考えて、つまり「**Ｄｏ→ＣＡＰ**」とＰＤＣＡサイクルを起動させれば、成長のサイクルに入れます。

しかし、そこでＰＤＣＡサイクルに乗らないと、よくある、やってもやっても痛い目に遭い続ける、悲しき「Ｄｏ－Ｄｏ－Ｄｏ－Ｄｏサイクル」に突入です。

では、入社3年目のみなさんはどこから回すのでしょうか？　私は、基本、「Ｃから始める」ことがほとんどです。いきなりＰｌａｎに飛びつくのではなく、まず、きちんとチェックするのです。30歳で挫折した私が最初にやった（やらざるを得なかった）ことは、それまでの人生のチェックでした。３カ月くらいかけて、自分が過去にやってきたこと、やらなかったことを大学ノート1冊分書き上げ、5時間くらいかけて読み上げてみたのです。そのようなチェックを踏まえてみて、はじめて「では、自分のどこを、どう改善するか」に入ることができたのです。

たとえば、自分のコミュニケーション力を高めたかったら、

・打ち合わせ風景を動画に撮ってもらって見る
・自分が話している時間と、聴いている時間をストップウオッチで計る
・打ち合わせ相手の先輩に、非言語を含め、フィードバックをしてもらう

などといった現状をチェックすることが大事です。こういうことをしないで、「さて、もっと論理的な力を身につけなきゃ」などと「改善」や「計画」に飛びつくのは、相当危険です。

もうひとつの「そもそも」は「PDCAサイクルは、どの長さで使うのか？」です。1週間？　1年？　3年？　人生？

私は、そういう意味では、PDCAサイクルは「マトリョーシカ人形」だと思っています。マトリョーシカ人形とは、ロシアの割っても割っても同じエプロンのお母さんが出てくる、あの人形です。つまり、割っても割っても、中からPDCAが出てくるのです。

3年の中期計画を割ると、中から1年の計画が出てきます。

1年の計画を割ると半期の計画が出てきて、半期の計画を割ると月間計画が出てきて……最後は3秒くらいまでの「PDCAサイクル」が、全部つながって出てくるはずです。

さて、そんなPDCAサイクルですが、具体的に、どのように、ビジネスの現場で活用していけばいいでしょうか。

PDCAサイクルも、ビジネスコミュニケーションと同じで、単に部分的、要素的なスキルとして使ってもあまり効果はありません。**ベースに「7つの行動原則」が機能している、効果的なPDCAサイクルの回し方**を考察していきましょう。

❖Planが書けないと、大きなゲームはできない

では、まず、数カ月~1年レベルの長さでの、PDCAサイクルの活用を考えてみます。

具体的に、人事部の、教育担当の立場で考えてみましょうか。

テーマは「入社3年目の研修」の企画です。

このような場合、まずPlanを書けなければ仕事になりません。

入社3年目くらいまでは、ある種開き直れば、「Ｐｌａｎなし」でも生きていくことができます。「あれをやってくれ」「これをこうしてくれ」といった「Ｄｏ」が結構与えられますし、人間関係も「対上司」「対お客様」といった1対1の場面が多いので、紙に書いた計画がなくても、その場での考えを口頭のコミュニケーションで伝えられれば、なんとかＯＫがもらえたりします。

しかし、関係者が増え、会議などの場面で10名くらいから合意をとらなければならない「研修企画」のようなテーマになると、そのようなその場しのぎの1対1の説得だけでは乗り切ることができません。自分が何かをやりたかったら、「計画書」を出して、皆に納得してもらうことが必要になります。

また、このような計画書の重要なもう1つの役割は、「直接会うことができない多くの人に、何をどうしたらいいかを、正確に伝える」ことです。大きな会社で本社の企画部門に行くと、数千人にその計画に加わってもらう必要が生じたりします。そして、もちろん、その数千人に1人ひとり直接会って口頭で説明するなど、不可能です。

「計画書」を書いて、それを「他人が、他人に説明して」納得してもらう必要があるのです。ですから、**計画書がきちんと書けないと、大きなゲームはできない**のです。

例として、人事部の教育担当の立場で「入社3年目の研修」の計画を立ててみました（図表14）。

実は私、20代から、基本的に計画の「型」はほとんど変わっていません。基本20代を「型なし」で過ごしてしまった私でしたが、「Ｐｌａｎ」だけは「守➡破」というステップを踏ませていただきました。計画が全く描けずにオロオロしていた私に、ある先輩が「計画の型」を授けてくれたのです。ほんとうに感謝です。

では、ここからは、この計画書を見ながら、読み進めてください。

まず「**現状**」です。さまざまな立場から、そのテーマが現実にどうとらえられているかを描きます。もちろん、勝手に「自分がその立場だったら」と「想像」で書くのは危険です。ヒアリングや調査などを踏まえ、チェックした「事実」を相手の立場できちんと記します。

次に「**課題と機会**」を特定します。**課題とは「このまま放っておくと、まずいことになること」**であり、**機会とは「ここに手を入れると、いいことが期待できること」**と私はシンプルに考えています。現状を多面的な立場でチェックすると、課題だけ、機会だけ、ではなく、おそらくその両方が存在していることがわかります。

そうしたら、「**解決の方向性**」を考えます。この計画の「**てこ入れポイント**」を見つけ出すという感覚です。ここまでを計画書の左側に記し、右側に移ります。「基本方針」（あるいは「目的」）を記します。この計画は最終的になにを目的にしているのか、何を基本方針にしているのか、を設定します。

次に、「**目指す姿**」あるいは「**目標**」を記します。営業などのプランでしたら、売上やシェアなどの「目標」が数字として設定されます。今回のプランは、人事の人財育成の計画書なので、営業のようになかなか数字化は難しいです。しかし、できるだけ、この計画の「**ゴールイメージ**」を具体化するのです。

そして、本題となる「行動計画」です。だれが、いつ、何を、どうするのか、「行動レベル」で具体化します。多くの関係者を巻き込んで実施される計画の場合は、それぞれの関係者の「相手の立場」で、具体的な行動と段取りを記入します。

この「**相手の立場での段取り**」が非現実的だったり、相手の都合を配慮していなかったりすると、総スカンを食らってしまうので要注意です。計画が無事に賛同され、効果的に機能するかどうかは、この「相手の立場での段取り」にかかっています。

最後に、必要があれば、「**いつ振り返りをするか**」を計画します。

る人材育成計画（骨子）

Ⅳ.基本方針

◆「仕事の原則」の理解を若手期にきちんと図ることにより、若手の早期成長と現場の知的生産性向上に貢献する

◆共通言語化により、現場の負荷を下げながら、OJTの効果性の向上を実現する

Ⅴ.目標

● 入社3年目の社員の来年度の人事サーベイにおける「育成体制」への満足度、70%以上を目指す！

Ⅵ.計画骨子

1. 入社3年目を対象に、「7つの行動原則」研修を実施する
2. 対象者の上司にも「7つの行動原則」の理解を図り、OJTの共通言語化を図る
   例）「逆算」「同時多面的」「価値創出」など
3. 入社3年目の社員は、自身での「7つの行動原則」の実践とあわせて、新入社員のトレーナーとしての活用を実践する

〈計画のポイント〉

● マインドセットだけでなく、仕事のスキルや型も身につける
● 仕事力の向上だけでなく、ストレスや気持ちのケアも
● 「研修」と「OJT」を、有機的に連動させる

〈スケジュール〉

4月	6月	7月	8月	9月	10月
上司説明会					
		3年目研修			
				新人トレーナー開始	

図表14　「入社3年目の研修企画」計画書

入社3年目の社員に対す

Ⅰ.現状
1.経営者からの視点
●早期に自立した人材に！　グローバル待ったなし！
●OJTが機能していないように見える！　強化せよ！

2.上司からの視点
●「仕事は何か」といったベースが弱い
●育成意欲は高いが現場はタイト。OJT余力は減少。
また、強い指導には「パワハラ」のリスクも感じる

3.顧客からの視点
●真面目でがんばる。ただ、「商売」がわかっていないと感じることが多い。（例：一方的に正しいことを言う）。

4.本人たちの視点
●とにかく激務。目の前のことでいっぱい。
●先輩、上司も忙しく、なかなか教えてもらえない。
→人事サーベイ結果：「育成体制」の満足度は22％！

Ⅱ.「課題」と「機会」
〈課題〉
●OJTの時間は10年前とくらべて半減している。
→「育成はOJTで」は危険であり限界
〈機会〉
○若手は真面目で、成長意欲は高い
○上司も上層部も、育成意欲・意識が高い

Ⅲ.解決の方向性
育成意欲と成長意欲を最大限に活かすべく現状にマッチした「新しいOJT支援施策」を実施する！

振り返りも、時期と内容を計画しておかないと、必ずと言っていいほど、忘れられてしまうのです。

基本方針ではなく「目的」にしたり、マーケティングプランの場合は、現状を3Cでおさえ、計画を4Pで書いたり、といった中身のアレンジは多少ありましたが、基本の型はこのままで、私は独立して仕事をしている今日まで自分のビジネスで活用しています。

いまの私が研修のプログラムを作ったり、本を書けたりできるようになったのも、すべては、この「守破離」のステップを踏めたからだと確信しています。

❖Planを「7つの行動原則」で磨く

この「Planの型」が、ほんとうによくできていることに、40歳を過ぎてからやっと気づくことができました。まず、**この1枚の「Plan」に、「D」「C」「A」がすべて叩き込まれています**（図表15）。

「現状」というのは「Check」です。さまざまな立場や視点で、現状をチェックする

図表15　Planには、ゴールの姿とCheck、Act、Doが含まれる

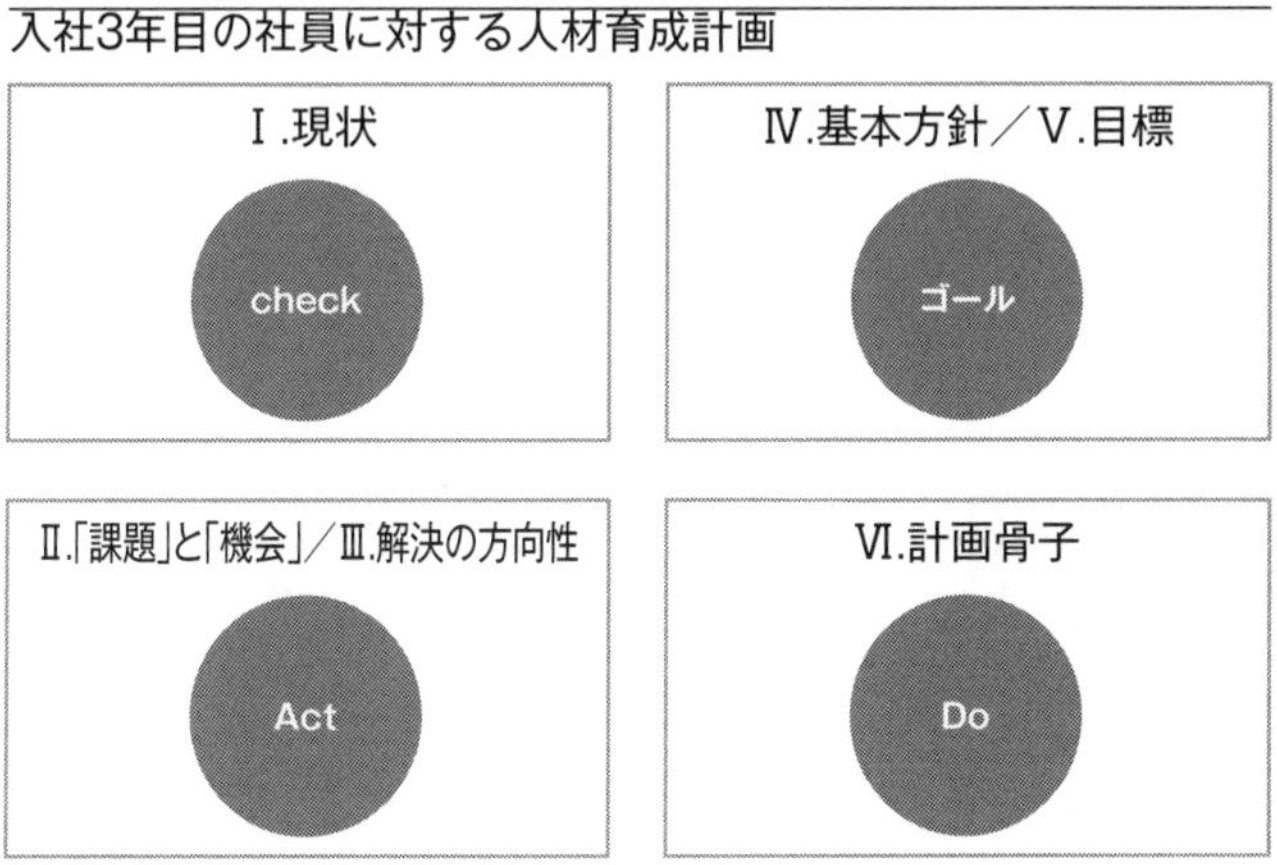

ことからはじまっています。**「課題」と「機会」、そして「解決の方向性」は「Act」**です。現状をCheckした上で、どこに改善（Act）のポイントがあるのかを、特定するのです。

そして、**行動計画は、そのままズバリ「Do」**です。この「Do」をどこで「Check」するかも、計画するのです。

Planというのは、「具体的なゴールイメージと、DCAを明確にしたもの」なのです。

そして描いた「Plan」が、相手の納得を得られて、きちんと効果を発揮できるかどうかは、**「7つの行動原則」がそのPlanの下できちんと機能しているか、**そこをチェックすればわかります。

まず「現状」です。ここは、きちんと相手の立場から「逆算」できているかがポイントです。ここが勝手な憶測だったりすると、すべてが狂ってしまいます。

そして、現状は「同時多面的」に、偏っていないものになっていなければなりません。マーケティングプランでしたら、ここは3Cで押さえます。自社（Company）だけの視点ではなく、顧客（Customer）、競合（Competitor）の視点からも、現状をきちんと見るのです。

「課題」と「機会」そして「解決の方向性」のところでは、「てこ入れ」がきちんと効いているかがポイントです。「たしかに、ここに着手すれば、少ない入力で大きな出力が期待できるな！」と関係者が皆思えるものになっていれば大丈夫です。

「基本方針」（目的）や「目指す姿」は「価値創出」です。この計画が実施された暁に、ゴールイメージとしてどんな価値を創出できるのか、ここを明確化します。

「この計画を実施した結果が、その程度の価値のアウトプットじゃなぁ……」と思われたら、もちろんピンチです。

図表16　良いPlanの底辺には、「7つの行動原則」が流れている

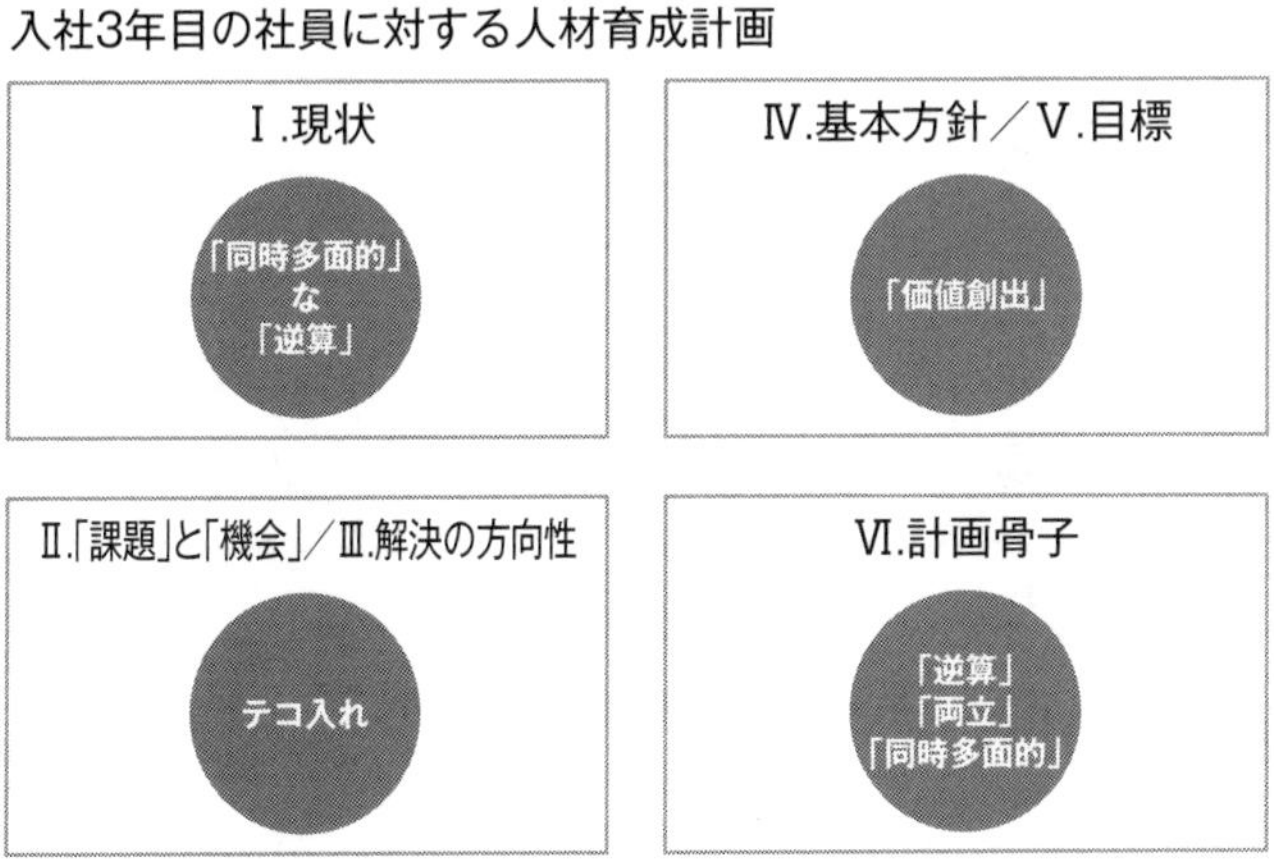

「行動計画」は、まさにゴールである「目指す姿」からの「逆算」です。他者を巻き込む場合は、相手の立場から「逆算」して、ゴールからの行動を「逆算」し、二重の「逆算」で段取ります。ここが明確にできていない、つまり「ゴールは決まったので、あとどうするかはやりながらみなさんで考えてください」といった恐ろしいＰｌａｎをたまに見ることがあります。実行者が自分一人だったらそれでもなんとかなるかもしれませんが、他者を巻き込む場合、これでは無理です。この計画書を見た〝他人〟が、「自分が具体的にいつ、どんな行動をすればよいのか」がちゃんとわかるようになっていることが大事です。

そして行動計画のもう１つのポイントは、

「両立」です。**「低コストと高品質」「短時間で高品質」といった矛盾の「両立」を考え抜く**のです。

「経営者は、こんな価値創出で満足するだろうか」「財務部は、この企画にこんなにコストをかけて、納得するだろうか」「ほんとうにこれが、本質的な問題、てこ入れポイントなのだろうか」「こんな段取りで、あの忙しい工場は協力してくれるのだろうか」

最後に計画は、ぜひ、このように**「7つの行動原則」で同時多面的にチェック**しながら書いてみてください（図表16）。

Ｐｌａｎを他人にお披露目する前に、このようにどれだけ厳しく一人ツッコミができるかがカギです。そして、そのチェックに有効な切り口が、仕事の原則、「7つの行動原則」なのです。

❖手帳は「アポ帳」ではなく、「ＰＤＣＡの主力ツール」である

次に、1週間レベルのＰＤＣＡを考えましょう。ここに重要な役割を発揮するのが、手

帳です。

ところでみなさんは、どのようなタイミングでスケジューリングしていますか？

「毎日、その日の朝に、その日にやるべきことをＴｏＤｏリストにしている」

このように1日ごとにスケジューリングをしている人もいらっしゃると思います。

それがダメとはもちろん言いませんが、私は、少なくとも「1週間」という単位で、面でのスケジューリングをすることを提案します（図表17）。それがなぜかは、またあとでご説明します。

まずは、1週間単位でのスケジューリングの1つのやり方をご紹介しましょう。

	29日(木)	30日(金)	31日(土)	1日(日)
5				
6				
7				
8	ウォーキング(一駅分) (音楽セット)	ウォーキング(一駅分) (音楽セット)		
9	B3上司へ提案書説明 G5日・店確認・決定			
10			サッカー練習	
11				
12				
13	○○社	C5方向性決定		
14	週次ミーティング	ミーティング	休養！	
15			その時したいことを！	
16	○○社へTEL (ミーティングヒアリング)			年末旅行MTG！ 田中・山中
17				
18				
19				
20		旅行先WEB検索		
21	騎士団長殺しを読む		1Q84を読む	
22				
23				

チェック	順		チェック	順		チェック	順		チェック	順	
		B4修正・完成			E2月次資料完成			クリーニング			掃除
		E1月次会議資料			C6提案骨子整理						
		机の整理									

図表17　週間スケジューリング

区分	今週のゴール	26日(月)	27日(火)	28日(水)
仕事	A経費処理終了 B○○社提案書完成	5	5	5
仕事	C△△社提案内容が決定 Dミーティング議事録発信	6	6	6 公園ウォーキング
仕事	E月次会議資料完成 F△△社田中さんと関係強化	7 ←（英語テープ）	7 ── 英語テープ ──	7 （英語テープ）→
仕事	G懇談会の日と場所が決定	8 ウォーキング(一駅分) (音楽セット)	8 ウォーキング(一駅分) (音楽セット)	8
仕事		9 ↕週次MTG（9〜10）	9 A1　経費処理・提出	9
仕事		10	10	10 ↕C3△△社提案 ブレスト（10〜11）
仕事		11 D1議事録作成	11	11
仕事		12	12 G1お店情報収集 (先輩から)	12
仕事		13 D2議事録課長チェック	13	13 ↕C4ブレスト整理 →素案化（13〜14）
仕事		14 D3議事録部内へ発信	14	14
仕事		15	15	15
仕事／プライベート	英語勉強継続	16 16:10赤坂発	16	16
プライベート	山中と食事 サッカーを楽しむ	17 C1△△社ヒアリング	17	17
プライベート	騎士団長殺しを読む 年末友人旅行計画	18 18:10東京発	18 18:32　赤坂発	18
プライベート	体力強化(歩く) 音楽鑑賞！！	19 ↕F田中氏と会食（19〜20）	19 山中と食事！	19 19:22赤坂発
プライベート	休養！ クリーニング	20	20	20 ↕英会話教室（20〜21）
プライベート	掃除	21	21	21
プライベート		22	22	22
プライベート		23	23	23

	26日(月) チェック	順	26日(月)	27日(火) チェック	順	27日(火)	28日(水) チェック	順	28日(水)
今週の「守」			C0ヒアリング			B1提案書作成			B2提案書作成
提案書は川上先輩書式で！			メールチェック			(川上先輩書式)			(川上先輩書式)
「ありがとう」の口ぐせ継続！			机の整理整方法			G2上司日程確認			G3日・店案つくり
			→田中先輩に訊く			議事録フォーマット化			机の整理
						C2ヒアリング整理			
今週の「てこ入れ」						机の整理			
田中さんとの信頼関係強化									
議事録フォーマット化									
机の整理									
その他									

図表18　Planには、ゴールの姿とCheck、Act、Doが含まれる

今週のゴール	26日(月)	27日(火)	28日(水)
ステップ1 **ゴールイメージを明確化する**		**ステップ3** **「今週のゴール」を行動に「逆算」して段取る**	
ステップ2 **「守破離」と「てこ入れ」を設定する**			

【週間スケジューリング】

〈ステップ1〉ゴールイメージを明確化する

まず、この週で、どんな「価値創出」をするのか、つまり「今週のゴール」イメージを明確にします。この週が終わったときに、どんなことが、どれだけできていれば自分としてもガッツポーズできるのか、**〝週が始まる前に〟明確にする**のです。「どう終わったらいいかわからない週」に突入するのは、どう終わらせたらいいのかわからないのに戦争を始めてしまうくらい危険です。

その際、仕事だけでなく、プライベートのゴールイメージも「両立」で明確にします。仕事とプライベートは、どちらかではなく、〝どちらも〝大切だからです。

↓ゴールイメージをバランスよく出すコツは、「営業担当」といった1つの立場からではなく、「部下」「先輩」「友人」「息子」「恋人」など、相手から見たさまざまな「立場」に「同時多面的」に自分を立たせ、その立場ごとにその週の目標を考えてみることです。

〈ステップ2〉「守破離」と「てこ入れ」のテーマを設定する

「今週のゴールイメージ」と聞いた瞬間、悲しいことに、多くの人はまた目の前のことだけにフォーカスしてしまいます。そのように投資をしないで、コストだけを使い続けるキャリアでは、いつか消耗してしまいます。そこで、**「守破離」や「てこ入れ」といった「未来の自分のための投資のテーマ」**も別途設定します。割合のイメージですが、今週のゴールが8〜9割、「守破離」「てこ入れ」のテーマが1〜2割というのが目安です。

〈ステップ3〉「今週のゴール」を行動に「逆算」して段取る

すでに決まってしまっている予定（会議やアポイントなど）があるなら、記入します。

残った時間で、「今週のゴール」にどうたどりつくか、いよいよ計画します。

「今週のゴール」に書かれているものすべてを、「行動」に「逆算」していきます。

そのたどりつき方には、大きく3つあります。

①「経費処理を終える」といった目標は「経費処理をする」というひとつの行動で終わりです。どこで、そのひとつの行動をするか決めて、終わりです。

②「守破離」のようなテーマは、毎日、同じ行動を繰り返さなければゴールにたどりつきません。「ホール・パート法を実践する」というテーマであれば、この週の、どこの、どの場面でホール・パート法を使うのか、その行動を明確にします。

③「提案書を完成させる」といったテーマは、「上司・先輩のアポを取る」→「書く」→「書き上げる」→「先輩に見てもらう」→「直す」→「上司にチェックしてもらう」→「直す」といった行動の「段」を取らないと一発ではたどりつけません。ですからその「段」を手帳に書き込んでいきます。

複数あるテーマのそのような「逆算」での段取りを、同時多面的に考え、1週間の中でのベストな「両立」を考えます（図表18）。

図表19　月間スケジューリング

3 March

Monday	Tuesday	Wednesday	Thirthday
25先負	26仏滅	27大安	28赤口
4 仏滅	5 大安	6 赤口 18：00 表参道発	7 友引
11赤口	12先勝 17：29 上野発	13友引	14先負 樋口と食事！
18先勝	19友引 田中氏と会食	20先負 英会話教室	21仏滅 19：00 東京発

〈ステップ4〉よりよい計画に磨き上げる

今週のゴールから、機械的に行動に逆算できたら終わり、ではありません。「もっといい計画」に、週が始まる前に、磨き上げていくのです。

【磨き上げるポイント】

①「アポを取る」行動を早めに行う

資料が書き終わってからアポを取りに行くと、そこからまた数日待たされてしまいます。それでは時間の無駄なので、アポを先に取り、そこから逆算して資料を作るクセを創りましょう。

②すべてを3日前に前倒しする

金曜日までの資料は火曜日まで、といったように、〆切の3日前にはできるようにスケジュール全体を前倒しします。こうしておけば、なにかのトラブルで1つの案件に3日くらい集中せざるをえなくなっても、風邪をひいても、他の仕事に影響を出さなくてすみます。

③「余白」をスケジューリングする

特に若手や営業担当などの場合、急に他者から依頼されて行う仕事が必ずあるはずです。ですから、この計画段階ですべてを埋めてしまうのは大変リスキーであり、きちんと余白をとっておくことが大事になります。「あのお客様は、水曜の会議の後に依頼してくることが多いな」などと相手の立場に立ち、どこに、どれだけの余白を置くべきかを考え抜く。ここが腕の見せ所です。

④ムリ／ムダ／ムラをチェックする

ムリな計画は直しましょう！　計画段階で無理なものは無理です。

ムラがあったら、有給休暇にチャレンジしましょう！　火曜日だけスカスカで、あと４日は忙しい、というなら、その週の予定を４日にまとめて、火曜日に有給をとることにチャレンジしませんか？

ムダをとりましょう！　たとえば、この週に上司には何件の相談事項がありますか？　もし４件あるなら、同じときに４件まとめて相談しましょう。

⑤交通経路検索なども、まとめてやっておく

「17時に先方に行く」だけではなく、「では、何時何分の電車に乗るか」まで明確にしておきましょう。その場でバタバタと調べるのではなく、１週間分まとめて検索しておけば、効率的です。

手帳は、「アポ帖」ではありません。「計画帖」なのです。もちろん、アポイントも管理します。アポイントの管理は、私はこのような月間スケジュール表にて行っています（図表19）。

月間スケジューリング表でアポイントを管理し、日曜日にはご案内した週間スケジュー

リング表で、きちんと翌週の1週間を「計画」しています。よく見れば、多くの手帳は、そのような構造になっているはずです。

❖スケジュールも「7つの行動原則」で磨く

スケジューリングの良しあしも、「原則」に添っているかどうかをチェックすればわかります。原則からはずれていれば、どんなにいいツールでも、価値を創出することができません。

①「価値創出」

「今週のゴール」に、価値を創出するテーマがちゃんと入っているか？　インプットばかりの計画になっていないか？　言われたことをやる、「100点以下の1週間」になっていないか？

②「逆算」

このスケジュールは、「相手の立場」に立ってみるとどうか？　上司の忙しさや出張スケジュールを踏まえた段取りになっているのか？　お客様の会議などのスケジュールや、工場の忙しさなど、相手の立場を踏まえた段取りになっているのか？

③守破離

自分の成長のために投資をしているか？　どんな「型」を、この週の中で、どれだけ反復するのか？

④「てこ入れ」

少ない入力で、大きな出力を出せるような工夫はあるか？「後輩の話を聞く」のと「昼食をとる」を一緒にして、「後輩の話を昼食を食べながら聞く」といったように、小さなことでも、効率化を重ねていけば、トータルでは大きな違いが産まれます。

⑤「両立」

仕事とプライベートは両立しているか？「自分の負荷」と「後輩や上司の負荷」は？　だれかにだけしわ寄せがいく計画になっていないか？

⑥「同時多面的」

さまざまな立場に自分が立って、同時多面的に考えられているか？

自分には「業務の担当」という立場だけでなく、「部下」「先輩」「チームリーダー」といった「立場」、そしてプライベートでは「友人」「勉強家」「スポーツマン」「恋人」「息子」といったさまざまな「立場」があるはずです。

そして、このスケジューリングシートのような良い「型」での、スケジューリングの「守破離」を⑦**「自己選択」**しているか？　です。

さて、このように1週間のPlanを立てました。しかし、現実の現場は、1週間がこの計画通りになるわけはありません。ですから、日々修正しながら、優先順位を「自己選択」しながら前に進んでいくことになります。それを「PDCAサイクルを回す」といいます。

毎週日曜日の夜に20分くらい使ってこのように1週間のスケジュールを立てますが、月曜日の朝に出社すると、真っ赤なメールの受信箱が待ち受け、すでに状況は変化しています。ですから、朝5分、変化した状況をCheckし、Act（改善）を考え、そしてRe－Planingをします。つまり、マスタープランを修正します。その修正したPlanを月曜日にDoして火曜の朝を迎えると、さらに状況は変化していますので、またC↓A↓Pをして……、そのサイクルを繰り返し、日曜日の夜にその週のC↓Aをして、また翌週1週間分のPlan（スケジュール）を立てるのです。

ではなぜ、1週間単位のスケジューリングをおすすめするのでしょうか？

たとえば「1日ごとに計画を立てる人」は、その日気づいたことを毎日上司に相談することになります。そんな日々を重ねると、結果、1週間に5回も6回も貴重な上司の時間をもらって（奪って）しまうことになります。

一方、このように「1週間単位でスケジューリングをする人」は、この週に5件の相談を上司とする必要があることを事前に把握できます。そして、「今日は5件ご相談がありま す」とその5件の相談を同じ時間で行い、**自分だけでなく、上司の「時間」をも短縮する**

ことができるのです。

そして1日単位のスケジューリングは、どうしても「その日にやらなければならない目の前のこと」だけにフォーカスしてしまいます。資料類のフォーマット化といった「てこ入れ」をしようか、ホール・パート法やPREP法の「守破離」で論理的思考力を鍛えようか、といった投資的な中長期的なテーマは、やはりある程度の「面」でとらえないと、なかなかテーマとしてあがってきません。

❖「CA」でもっとも効果を発揮する「7つの行動原則」

「入社3年目の研修計画」ができ上がりました。上司に時間をもらい、一所懸命、提案しました。しかし、努力むなしく、その提案はNGとなりました。

「上司に企画を提案したら否定された」

あれほど一所懸命に描いたプランが……と凹み、あるいは上司を恨むかもしれないこのような場面こそ、PDCAサイクルを活用する絶好のチャンスです。ゆめゆめ、次のPl an作成に飛びつくようなことはあってはいけません。それでは「PDPDサイクル」です。この状況をCheckし、Actを考察するのです。

この「CA」の場面で、もっとも効果を発揮するのが「7つの行動原則」です。

まず、Plan自体を「7つの行動原則」でチェックしてみましょう。

☑この計画での「**価値創出**」が物足りなかったのでは？
☑経営や上司の立場の理解が、「**逆算**」のピントがずれていたのでは？
☑「**守破離**」が、型が弱かったのでは？　書式が悪い？　自分の場数が少ない？
☑「**てこ入れ**」が弱いからか？　費用対効果に欠けると思われたのでは？
☑「**両立**」は？　若手の立場に寄りすぎて、経営や人事戦略視点での「勝ち」が弱かったか？
☑「**同時多面的**」は？　人事グループが推進している人事制度改定との整合性は？
☑「**自己選択**」は？　自分の当事者意識はちゃんと伝わっただろうか？

Planが「**7つの行動原則**」のどこかからはずれていれば、やはりなかなかOKとはなりません。次に、自身のコミュニケーションも忘れずに7つの行動原則でcheckしましょう。

☑知性価値ばかりの提案ではなかったか？　やる気や熱意といった感性価値も非言語でちゃんと創出していたか？

☑上司の立場に立てていたか？　そもそも、計画立案の前に、上司の問題意識をちゃんとじっくり、ヒアリングできていたか？　上司の上司の立場ではどうか？

☑わかりやすい話し方だったか？　質問にはホール・パート法などの型で、簡潔に答えられたか？

☑言語と非言語、知性価値と感性価値の「**両立**」は？　上司の勝ちを意識できたか？　アサーティブなスタンスだったか？

☑表情などの非言語を、常に「**同時多面的**」にマネジメントできたか？　提案に集中するあまり、腕を組んだり、シャーペンを回したりしなかったか？

☑ちゃんと自己選択の、与党のスタンスの提案だったか？「計画は描きましたが、実行は上司にお願いします……」といった野党的なスタンスではなかったか？

そして、一番大事なチェックポイントはこれです。

☑相手が「Ｙｅｓ」と言いやすい、「**信頼**」という「**てこ**」が、きちんと効いていたか？

どんなにいいＰｌａｎを、どんなにいいコミュニケーションスキルで伝えても、自分の机が汚かったり、会議の時間によく遅刻をしていたり、日頃の価値創出実績が小さい自分だとしたら、「その前に自分のことをちゃんとしなさい」と思われて、現実のビジネスシーンでは、残念ながら「それで終わり」になってしまうのです。

❖「ＣＡ」をビジネスにおける学習という

ＰＤＣＡサイクルにおける「ＣＡ」が、ビジネスにおける学習です。忙しいからと言ってＣやＡを抜き、「ＤＤＤＤ」や「ＰＤＰＤ」で仕事をする人がいます。それでも、３年目くらいの仕事なら、なんとかこなせてしまうとは思います。しかし、この人には、将来的に３つの不幸が約束されてしまうのです。

①失敗を繰り返します。CAをしない限り、失敗の原因がわからないからです。
②成功が繰り返せません。せっかくの成功も、次に使えなければ1度限りの偶然です。
③人に教えられなくなります。Doの、実践の場数が多ければ、CAをしなくても、上手くはなります。しかし、Checkをしなければ、「なぜうまくいったか」が、自分でもわからないままです。

「わかる」ことと「できる」ことは違いますが、「できる」ことと「わかる」ことも違うのです。

CAを省く人は、後輩に「教えてください」と言われても、「……」となってしまいます。
この本の冒頭の方で、ワシントンからエジプトのカイロに向かった飛行機は、ほんの360度分の1度だけ北に向かってしまっただけで、モスクワに着いてしまう、という話をしたかと思います。キャリアも同じで、スピードも大事ですが、方向性がもっと大事なのです。

どんなに急いで、スピードアップをしても、方向が間違っていたら、間違った場所に早く着いてしまうだけです。

では、そのような失敗をしないためには、どうしたらいいのでしょうか？　そのような失敗をしたくないのであれば、**「なるべく細かく、頻繁に、Ｃｈｅｃｋして、Ａｃｔする」**ことを提案します。Ｃｈｅｃｋが私のように遅いと――私は30歳まで自分のキャリアのＣｈｅｃｋをしなかったわけですが――そのあとのＡｃｔ（改善）は、大変なものになってしまうのです。

さらに、効果的なＣｈｅｃｋとＡｃｔをしていくために、大事なことがあります。それは、「きちんとした方向性（軸）を持っていること」です。

「ワシントンからカイロに向かう」という方向性がはっきりしているから、「ズレている」「ズレていない」というＣｈｅｃｋがきちんと機能するのです。仕事をする上でも、きちんとした方向性、軸がなければ、効果的なＣｈｅｃｋとＡｃｔは起動しません。

「７つの行動原則」は、自身の仕事をＣｈｅｃｋし、Ａｃｔを考える上での、効果的な方向性を示すものであり、仕事の「軸」になるものです。つまり、それが「原則」なのです。

ビジネスをする上で、スキルやテクニックは大事です。しかし、その下にきちんとした原則があるか、そのスキルやテクニックがちゃんと原則に沿っているかが、もっと大事なのです。

❖魚をもらうな、「魚の釣り方」を身につけろ

入社3年目になると、新人のトレーナーを拝命する人がいると思います。教えることは学ぶことです。自身の成長のためにも、大きなチャンスだと言えます。

そんな門出を迎えたみなさまに、私からささやかなプレゼントがあります。中国の老子という人が、2000年以上も前に「人材育成の金言」、そして「PDCAの神髄」を短い言葉で残してくれていますので、ご紹介しましょう。

「**貧しい人に魚を与えれば、その人は一日は食料に困らない。しかし、魚の捕り方を教えれば、その人は一生食うに困らない**」

あなたが「魚を与える先輩」になるか、「魚の捕り方を教える先輩」になるか、これが後輩にとって、死活問題となる、重要なターニングポイントです。

新人の立場に立って考えてみましょう。新人が職場で一番恐れることは……失敗です。具体的に言えば、「目の前の仕事が回らなくなり、他の誰かに迷惑をかけてしまうこと」をもっとも恐れます。ですから、新人は、わからないことが起きると、すぐに先輩に聞きに来ます。

「先輩、これは……どうすればいいのでしょうか？」

つまり、新人は、具体的な「Ｄｏ」を、つまり「魚」を先輩に求めます。一見優しい、しかし新人にとって最終的には一番困るのは、かっこよく「それは、こう答えればいいんだよ！」と、Ｄｏを、魚をホイホイと与えてしまう先輩です。

このように具体的なＤｏを、つまり魚を与えてしまうと、たしかに業務はきれいに回ります。そして、新人からは好かれ、尊敬され、気持ちのいい先輩後輩関係ができるでしょう。

しかし、次の日も、新人に「わからないこと」が発生します。すると彼はおそらく、何の疑いもなく、先輩に具体的なＤｏを、魚をもらいにくることでしょう。すると、あなたがまた魚、つまり具体的なＤｏをホイホイと与えて……こんな日々を1年続けても、新人は、ひとりでは何にもできないままです。**先輩が異動してしまったら、ご主人様がいなくなったら、なにもできないまま**なのです。

上司にわからないことを聞きに行ったときに、「君はどうしたいんだ？」と逆に聞かれたことはありませんか？　これを、逆ギレだといい、ストレスに感じる若手社員がいるようですが……もうおわかりですよね。これは**「自分でＤｏを考えてみること」を促す、大事な質問**なのです。

新人を、人から魚をもらって生きていこうとする人、つまり「与えられたＤｏならやれる人」にしてしまうのは、ある種最悪のシナリオなのです。

ビジネスにおける魚は「Ｄｏ」で、「魚の捕り方」が「ＰＤＣＡ」です。

もちろん、仕事を回さなければならない（Ｄｏを新人に渡さなければならない）場面はあるでしょう。自社の新人育成の都合で、お客様にご迷惑をおかけすることはできません。業務をきちんと回しながらも、新人を「自分でＰＤＣＡを回せる人」に育てられるか、その「両立」がトレーナーの腕の見せどころです。

そしてもちろんですが……教えている当の本人が、先輩が日ごろの仕事で「ＰＤＣＡ」を回せていなければ、いくらＰＤＣＡを語り、教えても、その教えを新人が信頼することはないでしょう。

POINT

PDCAサイクルは「7つの行動原則」と共に機能させる
手帳は単なるアポ帖ではなく、PDCAの主力ツールである

COLUMN

手帳は「忘れるため」に使う

さて、手帳はなんのために使うものなのでしょうか？

この質問は、仕事ができる人とできない人が、真逆の答えを出す有名な質問です。仕事ができない20代の私のような人は「『忘れないため』に使う」と答えます。一方、仕事ができる人は「『忘れるため』に使う」と答えるのです。

先ほど、週間スケジュールのところで、「提案書を完成させる」というテーマは、「上司・先輩のアポを取る」→「書く」→「書き上げる」→「先輩に見てもらう」→「直す」→「上司にチェックしてもらう」→「直す」といった行動の「段」を取って手帳に書く、と紹介しましたが、20代の私は（そんな細かい段取りなんて、わざわざ書かなくても、頭の中で考えるからいいよ）とそのような「段」を一切手帳に書くことはしませんでした。

では、手帳に段を書かない私はどうなったかというと……、夜同期と楽しくお酒を飲む会でも、休日に大学時代の友人と遊んでいても、その段取りを〝忘れないように〟ずっと頭に思い浮かべ、考え続けなければならなかったのです。

なぜなら書いてないから、忘れてしまわないように、常に頭の中で反復して、思い出し続けていなければならなかったのです！　それを「ストレス」といいます。

一方、ちゃんと「段取り」も手帳に書いた人は、書いた瞬間、そのすべてを忘れていいのです。もちろん友人とお酒を飲むときも、休日も、仕事のことなんかすべて忘れてしまいます。彼が覚えておくことはただ一つ。「仕事になったら、手帳を見る」。これだけです。

手帳は、「ストレスマネジメントツール」でもあったのです。

あと、手帳には、①一元管理　②モバイル（携帯）性の2つの原則があります。仕事の手帳と、プライベートの手帳、プロジェクトごとのスケジュール表、などと分けて管理している人もいるかもしれませんが、それだと、結局は、その統合と整合性を常に頭で考えなければならなくなります。

また、電車の中などで、「あっ！　あれをやらなきゃ！」と思いついたときが運命の分かれ目です。携帯していれば、それをすぐその場で書き、「忘れる」ことが可能になります。しかし携帯していないとその場で書くことができず、結果、また頭で「忘れない努力」が始まってしまうのです。

本章のまとめ

・「原則」こそが、「スキル」や「テクニック」の基盤となる
・正解のない仕事という種目では、「交渉力」がカギを握る
・「自分で考え、行動する」＝「ＰＤＣＡを回すこと」
・交渉力もＰＤＣＡも、「良い型」で、反復して身につける
・仕事では振り返りが大事であり、そこで効果を発揮するのが「７つの行動原則」である
・手帳は、単なるアポ帖ではなく、「計画帖」であり、「ストレスマネジメントツール」でもある

第5章

「自己変革力」をマスターする

未来を予測する最良の方法は、未来を創り出すことである。

アラン・ケイ（科学者）

INTRODUCTION

ここまで、「入社3年目の心得」として
①「どこで、なにをやっても仕事ができる人」になることが、入社3年目というタイミングでの最重要テーマであること
②そのためには、スキルや知識に飛びつく前に、仕事という種目をきちんと理解し、その種目に合った「原則」という土台をきちんと自分の中に築き上げること。
③仕事の原則である「7つの行動原則」
④7つの行動原則を活かした「ビジネスコミュニケーション」と「PDCA」の2大スキルの実践方法と磨き方
を提案してきました。

「たしかに原則はわかりました。交渉の型も、スケジューリングの型も……しかし、『することと』が、特に『続ける』ことが、苦手なんです！ 自信がないんです！……」

このような叫びを、かつての私を含め、どれほど多くの若手から聞いてきたことでしょうか。

しかし、これらのことは、だれかが代わりにはやってくれません。自分を変えることができるのは、自分だけなのです。

そこで、「入社3年目の心得」の「その5」として、「自己変革力」のマスターをテーマに進めていくことになります。

1 まず、現在地を知る

自分をどう変えたいか考える前に、大事なことは、まず、自分の「現在地」を知ることです。

「目的地（目標・目指す姿）」をいくら明確にできても、自分の「現在地」をまちがって認識していたら、決してたどりつくことができません。

「京都に行きたい」と決めることは大事です。しかし、もっと大事なのは、自分が東京にいるのか、富山にいるのか、その「現在地」を正確に知ることです。本当は富山にいるのに、自分が東京にいると勘違いしている人は、どんなに綿密に京都行の計画を立てても、たどり着くことはないでしょう。

「自分がどうなりたいか」の前に、「現実の自分とはどうなのか」をはっきりと把握するこ

図表20　現在地を知る

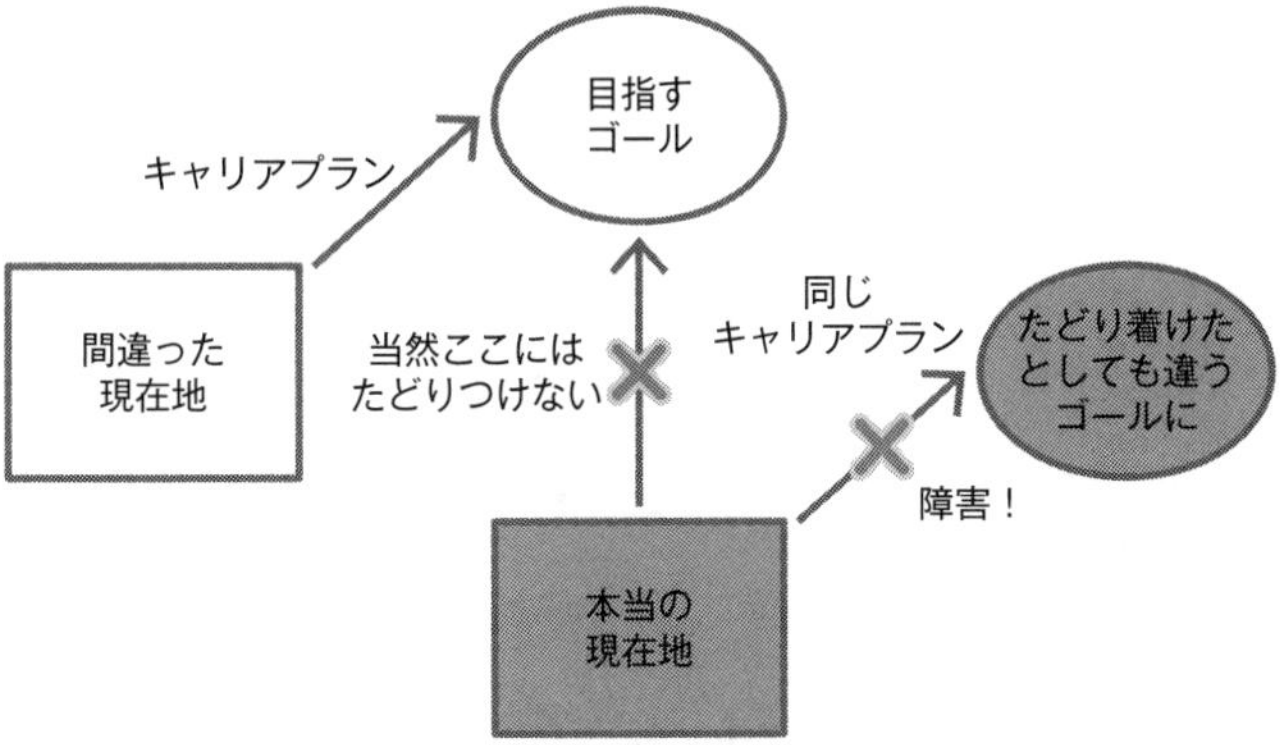

「現在地」が間違っていたら、いくらきちんと着地点を描き、そこに至る道筋をプランニングしても、ゴールにはたどり着けない

とが大事なのです（図表20）。

20代の私は、ここも間違っていました。営業担当だった私は「コミュニケーションだけは得意だ（得意でなければならない）」と自分に言い聞かせ、結果、そう〝思いこんで〟いました。さらには、自分は「気が強い」「精神的にタフだ」とも思い込んで（言い聞かせて）いたのです。30歳で挫折した私は、大学ノートに、生まれてからの自分の行動をすべて書き出すという「Ｃｈｅｃｋ」を初めて行いました。

その30ページ以上に書かれた出来事を読み上げたとき、やっと本当の自分に気付き、出会うことができたのです。

そのノートに描かれていた男は、誰がどう

見ても、人見知りで、コミュニケーション、特に自分から「舞台を作る」ことが苦手で、「シャイで気の弱い男」でありました。

「こうあるべき自分」ではなく、「現実にこうある自分」とまず出会わなければいけません。実際は下手なのに「コミュニケーションがうまい」と思っている人は、コミュニケーション力を高める努力をしません。だから、ずっと下手なままです。

「自分の現在地を知ること」は、実はそんなに簡単なことではありません。

人間の目は、日ごろ自分をまったく見てはいません。ですから、他人のことはよくわかりますが、自分のことになると、とたんにわかりにくくなるのです。

研修がはじまり、参加者の方を見ると、みなさんの姿勢や表情がよく見えます。柔らかい表情の人、笑顔の人、講師の目をみてうなずく人……そんな人がいる一方で、仏頂面の人、にらみつけるような顔をしている人、机を見て講師の方を一度も見ない人……そんな人も結構います。そこで研修がある程度進んできたところで、私はこう投げかけたりします。「もしこれが会社の会議だったら、相当損している人がみなさんの中にいることがわかりました。私は社外の講師だからいいですが、もしここで話しているのがみなさんの会社の役員だったらどうなると思いますか？　こちらから見ると、非言語で好感を持てる人は多いですが、一方で『こいつの人の話を聞く態度は何だ！』と感じる人が正直何人かいます。役員は学校の先生ではないので、そんな悪い態度の人にまで、今後優しくはしないと思いますよ」

こう話すとどうなるかというと……、みなさんハッとしますが、その後の態度は……実はほとんど〝変わらない〟のです。なぜ変わらないのか……私の指摘に反発し、より態度を硬化させたのか……そういう人も一部にはいらっしゃるかもしれませんが、長く講師をやってきて、そういう人ばかりではないことがわかってきました。なぜ変わらないかというと、その態度や表情の悪い本人は「自分の非言語が良くない」とは認識して〝いない〟からなのです。

「そんなに態度の悪い奴がいるんだ、あ、たしかにあいつの目つきはひどいな、でも、俺は大丈夫……」

なんて思っているのです。

もうひとつ気をつけなければならないのは、**「強み」とか「弱み」というのは、相対的なもの**だということです。つまり、自分一人で、自分の強みや弱みなど、わからないはずなのです。

「自分のコミュニケーション力は高い」

このようなことを、自分一人で決めてしまうのはかなり危険です。あなたはたしかに話すのも聞くのも上手かもしれません。しかし、あなたの周りにいる人が、あなたの競合会社のライバルが、あなたよりもっと上手かったら、実はあなたは「下手」なのです。

キャリアにおける現在地の把握とは、「**相手の立場から逆算で把握する客観的なポジショニング**」ということになります。

自分をどう変えるか（Ａｃｔ）を考える前には、現在地の把握（Ｃｈｅｃｋ）が必須です。自分のコミュニケーションの動画を見たこともないのに、その良し悪しを評価したり、自分が打ち合わせ時に何分話し、何分聞いているのかをストップウオッチで測定したことがない人が、「私は聞き上手です」などと決めつけたりするのは、かなり危険なことなのです。

POINT

まず自分の「現在地」を知る。そしてそれは、主観的なものではなく、相対的で、客観的なポジショニングでなければならない

2

「自分が変わらないままの未来」を見つめる

現在地がきちんと把握できたら、次に大事なのは**「自分が変わらないままの未来」を冷静に見つめること**です。「変える」ことを一大決心と考えている人がいますが、「変えない」ということも、まったく同じか、それ以上に重大な決断です。

たとえば、自分が仕事で「逆算」や「両立」をまったくしていないことに気づいたとしましょう。まずは、そんな現実の自分の「現在地」を知ることが大事です。そうしたら、次に、「**そのままの自分でキャリアを重ねていったらどうなるか**」を、客観的にシミュレーションしてみるのです。

いまはまだ入社3年目です。まだ、自分のことで精いっぱいで、自分の仕事を優先していても、相手も「そんなものだろう」と思ってくれているかもしれません。

しかし、5年目、10年目、15年目の自分が、相変わらず相手の立場に立たないで、自分の仕事や都合ばかりを優先し、段取りもせず、手帳もちゃんと使わず、その日の目の前の仕事をバタバタとしていて、自分が勝てれば、相手が、他部署が負けてもいいやというスタンスで他者と関わって……とそんな仕事をしていたらどうなるでしょうか？

そんな人に「周囲から信頼されるビジネスパーソンになっている」なんていう未来が訪れるでしょうか？

40歳のとき、私は思い切って、18年間お世話になった会社を辞め、独立するという「自己選択」をしました。

「すごいね、よくリスクのある選択ができるね」

そう私に言った同僚がいましたが、私はにっこり笑って聞きながらも、心の中ではこう言いました。

（すごいね、65歳までこの会社にいる選択をしているんだよね）

「変えないこと」も「変えること」と同じくらい、重大な選択です。「そのままの自分」でキャリアを変えなかったらどうなるか、まずは同時多面的かつ冷静にシュミレーションしてみてください。

・行動原則を身につけないまま、キャリアを重ねた自分
・定期的に運動をしないままの、50代の自分
・いまの語学力のままの、40代の自分
・いまの会社の人間関係だけの、30代の自分

それでは「いやだ」と心から思ったポイントが「自己変革」のテーマであり、「なりたい自分の姿」なのでしょう。

POINT

「このまま」も「変える」も、同じくリスクのある選択
「このままの自分」での未来を、冷静に見つめてみる

3

「変えられるもの」と「変えられないもの」を見分ける

「では、人は、すべてのものを変えられるのか？」と聞かれれば、残念ながら答えはＮＯです。「過去と他人は変えられない、自分と未来は変えられる」とよく言われるように、自分に「**変えられるもの**」と「**変えられないもの**」が存在します。

神様　私にお与えください。
自分に変えられないものを　受け入れる落ち着きを
変えられるものは変えていく勇気を
そして、二つのものを見分ける賢さを

ラインホルト・ニーバー

これは、私が、挫折状態から回復する過程で出会った、いまでも大事にしている宝物の「お祈り」です。

異動した職場が、自分にとってはとても嫌で、耐えられない環境だったとしましょう。特に上司が嫌なのです。自分にだけ、きつく、つらく当たってきます。

このようなシチュエーションに置かれたとき、ぜひこの「祈り」を唱え、一呼吸おいてから考えてみてください。

「上司」を変えてもらうのか、「自分の上司との関わり方」を変えるのか……変えられないものには、大きく、「受け入れる」か**「受け入れないか」の「自己選択」の余地**があります。

かつての私は、「なんで俺の上司があの人なんだろう……」と受け入れない方を選び、上司が変わることを毎日祈るような始末でした。そのような選択の結果が、自分にとっていかにマイナスだったか、今ははっきりとわかります。

その会社にいる以上、しばらくはその上司は変えられないのでしょう。であれば、「上司はこの人なんだ」と「受け入れる」選択をした方が落ち着きます。

そして、「上司に対する、自分の関わりかた」の方を変えてみるのです。より笑顔で接し、自分の要望から切り出すのではなく、まずじっくり上司の考えを聞いてみる……そんな選択をしてみたら、状況は、２人の関係は変わるかもしれません。

しかし、思い切ってその会社を辞め、転職を選択すれば、その職場も、嫌な上司も変えることができます。ですから、**「見分ける賢さ」**が大事になってきます。

入社3年目のみなさんにも、会社に、部署に、担当業務に、さまざまな不満や不安があると思います。ですから私は、別に「ぜったいに転職するな」などと言うつもりはありません。実際に私自身も40歳で会社を離れ、独立しています。

ただ、「自分の仕事力を高める」ことは、私はどんな会社で、どんな業務を担当していても、等しくチャンスがあると確信しています。たとえ、「下足番」を命じられてしまっても、作業ではなく仕事をすれば、自分の仕事力を高めることはできます。逆に経営企画部にいても、そこで作業をしてしまう人は、どこで、何をやっても作業しかできないのです。

「どこで、何をやってもできる自分」を若いうちに創り上げることができれば、転職しても、独立しても、きちんと仕事ができ、楽しくキャリアを重ねていくことができます。

「この環境だったら、こういう上司の下だったら、こんな業務だったら、仕事ができる自分」を目指してしまうと、常に安全な環境を求めざるをえなくなり、将来的なキャリアの自己選択の幅をかえって狭めることになってしまいます。

POINT

「変えられないもの」は受け入れ、「変えられるもの」を勇気をもって変えていく。そして、その二つを賢く見わける

4 「変化の順番」を知る

自分の現在地を把握し、そのままの自分でキャリアを重ねた場合をシュミレーションしました。すると、「それでは嫌だ！」と思うテーマが浮かび上がってきます。では、そのテーマは変えられるのか、変えられないのか、変えられるとしたら誰が変わることによって達成できるのか、冷静に見分けてみましょう。

「他人が変わること」「会社が変わること」を念ずるというアプローチは危険です。「自分が変えることができる」ことにフォーカスし、「なってほしい他人の姿」ではなく、「なりたい自分の姿」を明確にしましょう。

では、その「なりたい自分」にどうやって近づいていけばいいのか。次に、「**変化の順番**」を考えていきます。

思いの種をまいて、行動を刈りとり、
行動の種をまいて、習慣を刈りとる
習慣の種をまいて、人格を刈りとり、
人格の種をまいて、人生を刈りとる

サミュエル・スマイルズ

他にも「心が変われば、態度が変わり」「考えが変われば、意識が変わり」などと、同じような内容で違うバリエーションのものがたくさんあります。スポーツの世界ではノムさんこと野村元監督がこれを大事にしていますし、元メジャーリーガーの松井秀喜選手の高校の野球部の恩師がこれを軸にした指導をしていたことも有名です。

この言葉（格言）は、その出典が、サミュエル・スマイルズ氏だけではなく、心理学者のウィリアム・ジェームズ氏だったり、ヒンズー教の教えだったり、マザー・テレサさんだったりと諸説あります。このようにさまざまなバリエーションに分かれながらも、洋の東西を問わず、これだけ広まり、定着しているのは、やはりここで提唱されていることが原理原則だからなのでしょう。

では、具体的に、変化の順番を見ていきましょう。まずは「**思い**」です。他のバージョンですと「心」や「考え」になります。ここが変わることが、第一に必要です。

(別にこのままでいいや)と思っているのであれば、そこで終わりです。また、大本にある「思い」が間違ったままであれば、効果的な変化は期待できません。

「仕事は、勉強のように、与えられた問題を上司に正解をききながらやればいい種目だ」

「上司は、学校の先生と同じで、優しく正解を教えてくれる人のはずだ」

このような「思い」が大本にある人は、その上で小手先のスキルやテクニックを変えたところで、たいした変化は手に入れられないのです。

次に「**行動**」です。思いが変わっても、「行動」が変わらなければ、現実はなにも変わりません。「相手の立場に立つことが大事だ」と思っても、考えても、実際に「相手の立場」に立たなければ、その知識は無価値ですし、変化は起動しません。

そして、「**習慣**」です。一回限り相手の立場に立ったところで、それは本物の変化ではありません。毎日毎日相手の立場に立ち続け、習慣化するのです。

すると「**人格**」が変わります。相手の立場に立とうと思い、相手の立場に立つことを実践し、それを習慣化している人を指して、人は「あの人は相手の立場に立ってくれる人だ」

と言います。

仕事でいえば、ここを「**能力**」と置き換えても同じです。論理的な力を磨こうと思い、ホール・パート法やPREP法で話すことをはじめ、それを習慣化していれば、1年後には周囲から見れば立派な「論理的なコミュニケーションをする人」になっていることでしょう。こうして人格や能力が変われば、人生が変わります。

20代の私は、完全にこの変化の順番を間違って考えていました。

「論理的な頭になったら、そのときはじめて論理的な話をしよう」といった順番で考えていたのです。これが**人生で失敗する典型的な思考パターン**です。

「泳げるようになったら、プールで泳ぐ」

「英語がしゃべれるようになったら、外国人と英語で話す」

こんなことが起きるわけがありません。逆なのです。プールに入るから、泳ぎ続けるから、泳げるようになり、英語を口から発し、話し続けた人だけ、話せるようになるのです。

この変化の順番は、別の言い方をすれば、まさに「守破離」です。まず、いい型でやり、できるだけ多く反復する必要があるのです。

そして、この変化の順番が暗示しているもう1つの大事なメッセージは「**変化していく過程では、必ず失敗を経験する**」ということです。

はじめてホール・パート法で話して、ツラツラとかっこよく話せる人はそうはいません。あなたが急に「3点あります」などと言い出したら、先輩や同僚はからかうかもしれません。1回やってみてダメだったから、先輩に笑われて恥ずかしかったから、そこでやめてしまったら、厳しいようですが、もう終わりです。実技は頭でわかっていてもできません。最初はできないけど、それでもやり続けた人だけ、できるようになるのです。

POINT

なりたい自分になるためには、「変化の順番」を知り、失敗を恐れず、思ったことをまず行動に移す

5 「変化の構造」を知る

次に、「**変化の構造**」を考えてみましょう。

私は「**仕事は段取れるが、成長は段取れない**」と考えています。

どういうことか、もう少し丁寧に説明します。

仕事における成長は、階段を上がるように、右肩上がりにグングンとは起きないのです。グラフで表すとすると、成長、つまり人格や能力の高まりというのは、このようなパターンで訪れるものだと経験上体感しています（図表21）。

今日より明日、明日より明後日と、どんどん上手くなっていく……そんなことを期待していると、その期待は裏切られ、失望し、やがてあきらめてしまうでしょう。**成長とは、同じことを繰り返して習慣化している人に、ある日突然与えられるギフト**なのです。

図表21　変化の構造とは……

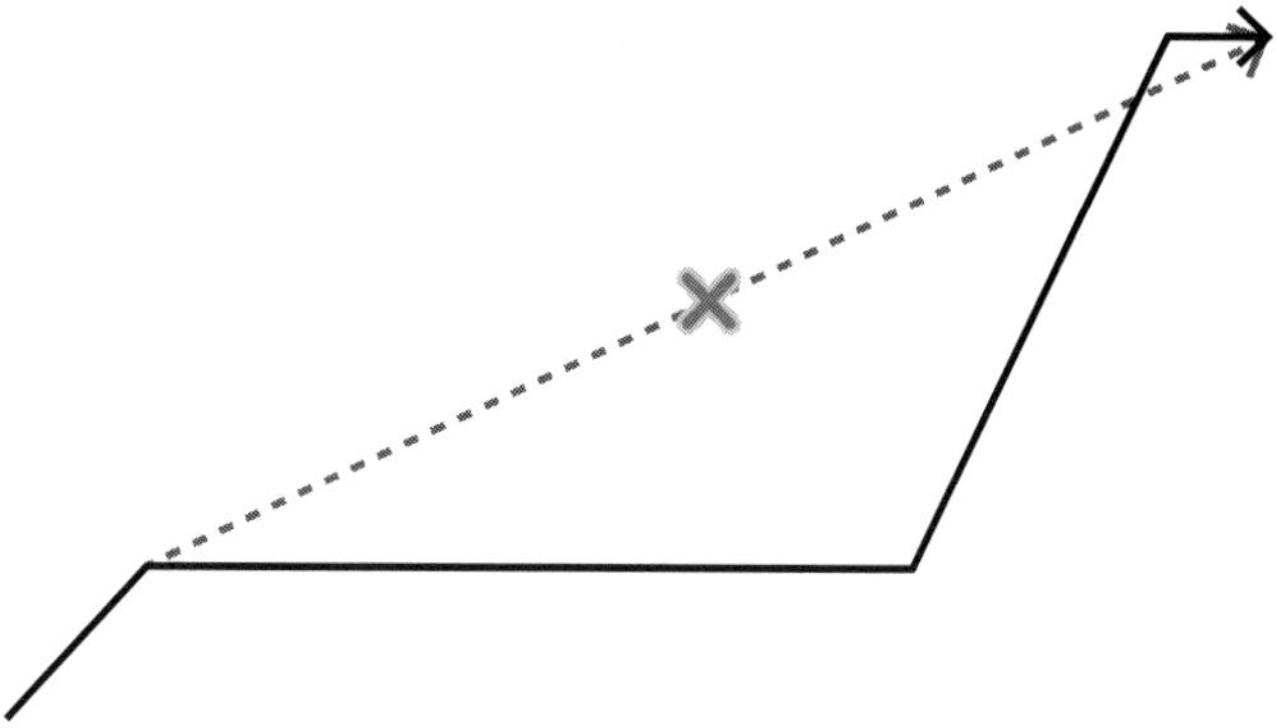

成長は右肩あがりには訪れない。
努力を続けていた人に、ある日ギフトが贈られる

Ｐｌａｎの型を先輩から授かって、描き始めた26歳の私でしたが、最初のうちは七転八倒、ウンウンとうなりながら、それでもやはり大したＰｌａｎを描けず、上司や関係者に厳しいＣｈｅｃｋとＡｃｔを頂戴しました。2枚目、3枚目……状況は、ほとんど変わらなかったと記憶しています。ただ、その型しか知りませんし、嫌でもＰｌａｎを描く機会がやってきますので、半分泣きながら描き続けることになりました。そのときの成長実感は当然ゼロ、充実度やモチベーションはマイナスゾーンです。

その後、休職を経て、私は恐る恐る会社に戻り、仕事を再開しました。私が、「あっ！」と思ったのは、たしか33～34歳のころだったと思います。いつものようにモヤモヤとした考えのまま、Ｐｌａｎの型に向き合ったら、びっくりするくらいスラスラと書けたのです。

（ああ、これでＰｌａｎは、もう大丈夫だ……続けてよかった）

心の底から湧き起こる喜びを感じたことを、いまでも思い出せます。

私は幼い頃にぜんそくや湿疹に悩まされていたこともあり、「身体を鍛えてこなかった」ことがひとつのコンプレックスでした。ある日、「これではいかん、腹筋くらいちゃんとやってみよう」と思い、ある日、私から見たら立派な体格のアスリートの先輩にどうしたらいいか、相談してみました。

「堀田は、何回だったら、ムリなく腹筋ができる？」

そう聞かれたので、「恥ずかしながら、20回くらいでしたら……」と答えました。すると先輩は「だったら、毎日20回やってみること。そして絶対に、21回、22回と数を上げないこと」と言ったのです。

そして、さらにこう言いました。「毎日20回を続ければ、3カ月後に40回簡単にできるようになる」と。私は半信半疑でしたが、信じてやってみました。20回はなんだか物足りないような感じがして、今日は25回やろうか……という気持ちがムクムクと湧いてきました。

早く負荷を上げ、早く成果を手に入れなければと。

しかし、先輩の教えを守り、数を上げることなく、毎日20回、3カ月続けてみました。そして、4カ月目に入る日、(本当に40回できるのだろうか……)恐る恐るやってみると、いとも簡単に40回できたのです。

変化とは、成長とは、

「同じことを続けていた人にある日突然送られるギフト」

です。逆に言えば、「すぐに変化を感じるもの」「すぐに効果が出るもの」というのは危険かもしれません。「すぐに元気になる薬」「すぐに気分が高まる薬」などはその筆頭でしょう。**すぐに効果が出るものは、すぐに効果がなくなるもの**でもあるのです。

POINT

変化していくための過程や構造を知ることこそが、成長への鍵となる

6

「今日一日だけ」作戦で続ける

～続けようと思わない続け方～

31歳までの自分を大学ノートに書いてｃｈｅｃｋしてみたら……「何も続けてこなかった」自分の姿を突きつけられてしまったのです。

（思いを変えて、行動を変えて、習慣を変えるなんて、俺には無理だ……）と愕然としてしまいました。

しかし、自分が変わらなければ、同じ会社に戻るので、また同じ結果になってしまうことは目に見えています。さすがに二度目の休職になったら、もうアウトでしょう。

（どうしたらいいのか……）本当に自分には行動を習慣化した実績はないのか、もう一度、食い入るように、その大学ノートに目を通してみました。

すると、２つだけ、バッチリと行動を習慣化したものが、私にもあったのです。

それは「お酒」と「たばこ」でした。そうです。私は、大酒飲みで、ヘビースモーカーであり、復職にあたり、まず変えなければいけないのは、そこであるとも気づいていました。

では、「お酒」と「たばこ」はどうしてこんなにも習慣化したのだろう……そのとき、私は、人生最大の大発見をするのです。

それは**「続けようとまったく思わなかったから、続いた」という法則**でした。お酒もたばこも「よし、必ず毎日吸うぞ！」とか、「死ぬまでお酒を続けること！」なんて計画したことも、誓ったことも、紙に書いて壁に貼ったことも、私は一度もありません。

むしろ（こんなに吸ったら体に悪いから、止めなきゃ……）といつか止めることを毎日考えていたのです。それでもなぜ続いたかというと……、「でも、〝今日だけ〟は吸い、飲む」と決め、「今日一日だけ」を積み重ねていたからでした。

「今日だけはやる」この「**今日一日だけ作戦**」で、私は、その後、どんどん習慣化することに成功します。おかげさまで今では習慣フェチとも言えるくらい、様々な習慣を「てこ」に自分の人生を自分の望むように変えている私です。

そのタバコとお酒ですが、31歳でやめ、もう20年、禁酒と禁煙が続いています。

さらに最近では、長年つきあってきた湿疹を根本から自然治癒力で完治すべく、マクロビオティックの考えをもとに、肉と魚を食べない玄米菜食の食事に切り替え、今この本を書いている時点で、すでに3年以上、肉も魚もその一切れも食べていません。

では、肉と魚が嫌いになったかというと、そうではありません。テレビをつければ、必ずどこかでグルメ番組をやっています。旅館の食事などを見れば、「うまそうだな〜」と食べたくはなります。そこで「一生食べない」と思うと、苦しく、切なくなってしまいます。

「明日は食べるかもしれない、でも、今日だけは食べるのをよそう」

こう考え、「今日一日だけ作戦」を実践した結果、ムリなく続いていることをここに報告いたします。

逆に言えば、「明日からやる」「いつかやる」と思ったことは、ほとんど実践されないでしょう。「7つの行動原則」も、ホール・パート法も、Planの型も、手帳も、「**今日一日だけやる**」と気軽に考え、今日という唯一変えることができるこの瞬間に、変化のエネルギーを投入することが、習慣化の鍵となるのです。

POINT

「今日一日」という瞬間にエネルギーをフォーカスする
それが、習慣化と成長につながる

7

「続けられる自信」を創る

「そんなことを言ったって、私は堀田さんのように、意志が強くないんです」

「今日一日だけって……頭ではわかりますが、私には無理です」

こんな心からの叫びを、どれだけ若手社員から聞いてきたことでしょうか。かくいう私も、かつては心からそう叫んでいた一人でした。

「行動する、続ける自信がない」

この壁を乗り越えなければ、自分を変えることは、「なりたい自分になる」ことは、たしかに達成できません。

では、「自信」とはいったい何なのでしょうか？

自信とは、「自分との信頼関係」のことです。たしかに、自分との信頼関係がなければ、いくら変わりたいと「思って」も、変える「行動」を習慣化することはできないでしょう。

では、「信頼関係」は、どのようにすれば、構築できるのでしょうか？　信頼は、「約束し、その約束を守る」ことによって、築き上げられていきます。**信頼とは、「あるもの」ではなく、「築き上げていくもの」**なのです。

「自信がないから、実践できない」

そもそも、この「思い」が間違っています。「やると自分に約束し、実践し、やり続ける＝その約束を守り続ける」から「自分が信頼できるようになる」のです。

ですから、行動を習慣化する自信がない人は、その「自信を創る」ことを最初の「自己変革」のテーマにすることを提案します。具体的にどうするかというと、「小さな、絶対に守れることを自分に約束し、それを実践し続ける」のです。

たとえば、行動を習慣化する自信がない人が、いきなり「毎日10キロ走る」なんてテーマを設定することは、絶対にやめた方がいいことです。もっと小さな、絶対に実現可能な、今の自分でも約束が守れるテーマからはじめるのです。

私がおすすめするのは、自分も実際にやった「口グセをひとつだけ変える」といったテーマです。私が具体的に最初にやったのは、「すみません」という口グセを「ありがとう」に変える、たったこれだけのことでした。

〝今日だけ〟「ありがとうございます」と言うことは、私にもできました。次の日も、今日だけ「ありがとう」と言うことができました。そうして、そんな今日一日が3週間続いたとき……世界が少し変わったことを体感したのです。どこかに卑屈なニュアンスを持つ「すみません」が、「ありがとう」に変わることによって、私の中に、いままでなかった感謝の気持ちが芽生えてきたのです。

そして、それよりもなによりも、もっと大きな変化が私に訪れました。

「俺だって、思ったことを行動にし、習慣化することができるんだ！」

そんな小さな、しかし、たしかな「自信」が自分の中にはじめて芽生えたのです。

口ぐせを変えられるんだったら↓次は非言語を、もう少し口角を上げよう

口角を上げられたんだから↓次は人の話をもっと聴こう

人の話を聴けるようになったのだから↓次は、1週間単位でスケジューリングをしよう

こうして私は、わらしべ長者のように、少しずつ自信とテーマを大きくしていくことが

でき、いまでは他人を変えることはまったくできませんが、「なりたい自分には必ずなれる」という自己変革に確固たる自信を持った人間になれています。

POINT

自信＝「自分との信頼関係」の構築こそが、自己変革の鍵
小さな約束を自分が守る。その一歩を勇気を持って踏み出す

8

「続く仕掛け」を創る

私は性善説の人間でも、性悪説の人間でもありません。「性弱説」の人間です。

人間は、すくなくとも私は、善いか悪いか以前に、とても弱い人間です。ひとりの力では、行動を習慣化することなんてなかなかできません。

「独立しよう」と思った私は、同じようにどこかで将来的に独立を考えている4人と、月に一回、勉強会（というか、ただの集まり）を行うこととしました。当時の我々にとって、独立なんていうことは雲をつかむような話ですから、「野望会」などとネーミングして、楽しくやろうと決めました。月に一回会うことがわかると、結構それが力になります。

そのとき、私は独立のための第一歩として「本を書く」ことをひとつの目標にしていました。本なんか書いたことがないですから、どう書いたらいいかも、さっぱりわかりません。それでも、「今日一日だけ作戦」で、「毎朝5時に起き、ワードでA4用紙1枚は、必ずなにかを書く」と決め、実行に移しました。

しかし、前の日の夜が遅かったりすると、5時に起きるのは本当に嫌になってきます。

(今日は、やめようかな……)

そんなとき、(あっ！　来週は「野望会」だ！)と思い出すのです。会では、このひと月なにをやったか、シェアをします。そのときに「今月は仕事が忙しくて……本は書けませんでした」。そんなことは、言いたくありません。

結果、私は本を書き上げ、野望会の仲間のサポートで奇跡的に出版社との縁を結び、発刊が決まり、本当に独立することができたのです。

「どんな行動を習慣化するか、フェイスブックで宣言して、仲間に応援してもらう」

「志の同じ仲間と、定期的に会う」

「師匠を見つけ、自分から定期的に報告する」

なりたい自分になる努力は、自己変革は、たしかに「誰か」は絶対にやってはくれない、自分にしかできない選択であり実践です。しかし、だからといって、孤独に、己の意志と根性だけでやる必要はないのです。**「続く仕掛けを創る」という「てこ」を入れる**ことを、私は強力におすすめします。

また、続けていく上で、強力な援軍となるのが「本」です。ここで、ビジネス書の「使い方」を提案します。ぜひ、「聖書」と同じ使い方をしてください。キリスト教徒の方は、「聖書」をどのように使っているでしょうか？　私は信者ではないので、断言はできませんが、おそらく、「1回通しで読んで終わり」といった使い方をしている人はいないのではと推察します。人生の中で、何度も、何度も、何度も、読むはずです。だから多くのホテルには、いつでも読めるように聖書を置いてあるのです。

ビジネス書もまったく同じです。まず通しで読んでください。しかし、ただ読んだだけではNGです。その中で「これ、いいな！」「ぜひやってみよう」と思ったら、（思いの種を蒔き）、ビジネスの現場で実践してください（行動を刈り取る）。しかし、その思いは、忙しく厳しい現実の仕事の中で、すぐに頭の中から消滅してしまいます。そうしたら……また「読む」のです。そうして再び思いを呼び戻して、実践、行動します。このように忘れては思い出し、離れては戻りながら、「習慣を刈り取る」のです。

本書『入社3年目の心得』も、そのように使っていただくことを想定して書いています。この本が、ある時期、みなさんの「バイブル」となれたら、私はとても光栄です。

POINT

己の意思だけで続けようとはしない。さまざまな「続く仕掛け」を創るという、効果的な「てこ」を入れる

COLUMN

「ゆとり」や「さとり」といった「世代論」について

「ゆとり世代」「さとり世代」などという言葉があります。かくいう私は、「新人類」と言われ、いまでは「バブル世代」と言われるゾーンの人間です。

「ゆとり世代は受け身だ」

こんな言い方をされることが多いですが、「受け身」という点では、私は「世代」はあまり関係ないと考えている人間です。てこ入れのところでも触れた通り、それまで一所懸命やってきた「勉強」が「受け身の種目」だから、長年アジャストしてきた「優秀な学生」は皆、仕事では「受け身の社員」になってしまうのです。

そのようなことよりも、世代に関して私が重視しているのは、「**自分が生まれ育った時代**

背景では、何の場数が多くて、何の場数が少なかったか」というポイントです。

私は、物書きのはしくれですが、夏目漱石などの明治の文豪と比べると、その「手紙力」は圧倒的に低いと自覚しています。なぜなら、「手紙を書く」という「場数」が、電話が発達した社会で育った私は、明治時代の人たちと比べ、圧倒的に少ないからです。

生まれたときから携帯電話がある社会で育った人は、会社の「共通の電話」の取り次ぎをするのが、なんとも怖いはずです。私は、20代前半まで、携帯電話のない社会で生きてきました。家には電話が1台しかなく、子どものころから父や母宛の電話を取り次いで育ってきています。ですから、新人のとき、会社で「電話番をせよ」と言われても、緊張はしましたが、それほど違和感はなかったことを覚えています。

最近の研修では、「若手の瞬時の段取りと計算力は落ちてきているのかなぁ」と感じます。簡単な計算を振られただけで、フリーズしてしまう参加者によく出会います。おそらく、「自分の頭で計算する」という場数が少ないのではないかと推察します。私が若手のころは、「交通経路検索」も、「車載ナビ」も、「エクセル」も一切ない社会でした。「五反田のオフィスを出て三鷹に14時に着く」となったら、電車でも、車でも、そのルートの段取りを瞬時に頭で組み立て、その時間を瞬時に計算しなければなりません。ですから、四則演算の暗算と「逆算」での段取りは、いまでもお手のものです。

一方、スマホ周りの習熟度は、いまの入社３年目の社員には、まったく歯が立ちません。私にとって、スマホも、しょせんは「仕事をする上でいやいや（？）使い始めたもの」です。子どものころから、自分の手足のように扱ってきた人たちにはかないません。

このように、世代論の単純なレッテル貼りではなく、「他の世代の人たちと比べて、自分は何の場数が多く、何の場数が少ないのか」ということを、冷静に押さえておくことは大切です。

「働き方改革」が軌道に乗れば、みなさんの労働時間は、私たちの若手時代のそれと比べて劇的に減ることになります。では、その少ない労働時間の中で自分を成長させるにはどうしたらいいのか、そういった視点が大事になってきます。

本章のまとめ

・「こうなりたい」の前に、「こうである」自分にきちんと出会う
・「このままの自分」での未来を冷静に見据える。「それでは嫌だ」と感じた点が、自己変革のテーマである
・変化の原則、順番、構造を知り、効果的に活用する
・「今日一日」にフォーカスし、小さな自分との約束を守ることからはじめる
・己の力だけに頼らず、人、仕組み、ツールを上手に活用する

第6章

自分が望むキャリアを実現する

すばらしい仕事をするには、自分のやっていることを好きにならなくてはいけない。まだそれをみつけていないのなら、探すのをやめてはいけない。安住してはいけない。心の問題のすべてがそうであるように、答えを見つけたときには、自然とわかるはずだ。

スティーブ・ジョブズ（実業家・資産家）

INTRODUCTION

この本も、いよいよ最終章です。

「どこで、何をやってもできる人」を目指し、そのために、仕事という種目を知る。

「7つの行動原則」を理解し、それをビジネス現場で実践する。

自己変革力をマスターし、なりたい自分になれる自信と力を身につける。

ご案内してきたこれらは、入社3年目の人すべてに必要な、まさしく「入社3年目の心得」です。

そこまで土台ができたら、ビジネスパーソンとして独り立ちできたら、どうするのか？

どこで、どういう仕事をして、どのようなキャリアを目指すのか？

何が自分にあって、なにをすれば自分が楽しいのか？

ここから先は、まさに千差万別、十人十色の世界になっていきます。

そこで、最終章では、これから先、みなさんが、一人ひとりの、

「自分が望むキャリア」

を実現していくために、大事だと思うメッセージと、そしてエールをお届けします。

1
「具体化力」を身につける

一番目のメッセージは「具体化力を身につけよう！」ということです。

この本でご紹介した原則も「7つの〝行動〟原則」です。行動しなければ意味はなく、そして行動するということは……実はとても「具体的」なことなのです。

たとえば、「逆算を強化しよう」などと抽象的に思っていても、それでは〝具体的に〟何をやればいいのか、自分自身でもわかりません。自分自身が具体的にどうしたらいいかわからないのであれば、それは、残念ながらいつまでも行動として実践されないでしょう。

「他部署の担当者の田所氏にアポを取り、1時間、まずは田所氏のこの問題に対する考え、要望、おかれている状況をヒアリングする。この際、自分の意見は一切言わない」

このように**自分の中で具体化されてはじめて、行動に移すことが可能になります**。

「グローバルな視点で、マーケティングを強化し、付加価値の高い施策を行う」

3年間、いろいろなビジネスワードに触れてくると、このようなことを行動計画に書くのがかっこいいと勘違いしてしまう人がいます。みなさんもおわかりでしょうが、これは史上最高に価値のない行動計画です。百歩譲って「方針」レベルならまだ許せますが（方針としても、かなり苦しいです）、「行動計画」としては完全にアウトです。

なぜなら、「では、具体的になにをするのか」が、なに一つ書けていないからです。なに一つ書けていないということは、「＝自分でもわかっていない」ということであり、「＝したがって何も行動しない」ということが確定してしまっているからです。

・グローバル
・コミュニケーション
・マーケティング
・イノベーション
・コラボレーション
・シナジー

これらのカタカナ言葉、いわゆる「ビッグワード」が自分の中に浮かんできたら、要注意です。これらの言葉は浮かんで終わりではありません。はじまりに過ぎないのです。

私の研修では、「具体的」に「自分」がする、「行動」まで考える抜くことを徹底し、それ以外をアクションプランに書くことを禁止しています。

「あなたが旅館の下足番になったら、どんな『価値創出』をしますか？」

このようなワークで、「お客様とのコミュニケーションを強化する」「気のきいたサービスをする」などと書いてしまったら、さあ大変です。

「コミュニケーションって、具体的になんですか？」「気のきいたサービスって具体的になんですか？」と、具体化するまで、私の質問は終わりません。

ビッグワードを口に出して、わかったようなことを言って、なにも行動できない人になるか、そこで思考停止せず、必ず**「具体的な行動レベル」まで考え抜き、アウトプットする**人になるかが、入社3年目のひとつの大きな分かれ道なのです。

思いの種をまいて、行動を刈り取る……思いがちゃんと行動になるかどうか、そのカギは、思いを行動レベルまで「具体化」できるかどうかにかかっているのです。

では、具体的にどうしたらいいのか……この習慣を身につけることをおすすめします。自分が書いた「行動計画」を、「高校生のアルバイトの立場」で見てみるのです。高校生のアルバイトは、その行動計画を渡されたら、具体的に行動できるでしょうか？

「もっといいサービスをする」「気のきいたコミュニケーションをする」「逆算強化！」

こんな行動計画をもらっても、高校生のアルバイトは、なんの行動もできません。

「お客様のお名前をすぐ把握し、『お客様』ではなく、『堀田様』のように、必ずお客様を固有名詞でお呼びする」

これくらいの行動計画を渡されて、やっと行動できるはずです。具体化力を伸ばすために、ぜひ、このようなセルフチェックの習慣を身につけてください。

POINT

キーワードや概念だけでは、身動きはとれない
「具体化」されたものだけが行動に移される

2 「与党」を早期に自己選択する

政治の世界には、「与党」と「野党」という役割、立ち位置があります。しかし、**ビジネスは、「オール与党」の世界**です。3年たったみなさんのビジネスキャリアを、いや、ビジネスだけでなく人生をも左右するもっとも大きな今後の選択が、「野党」か「与党」かの「自己選択」です。野党の人は、誰かから提示されたＰｌａｎや商品、企画、新しい制度などの、部分的な問題点を指摘することができます。


「この計画の、このスケジュールが納得いかないんですけど！」

「この商品の、肉のカットが、小さすぎます！」

「この懇親会、ワインもないの？　え〜信じられない！」

もちろん、部分的な不備や問題点、デメリットを指摘すること自体を、私はいけないことだとは思っていません。

「では、『代わりにあなたがやってください』と言われたら、喜んでやれますよね？」

この質問に対して「Ｙｅｓ」と即答できるのならば、まったく問題はないのです。ただ、その質問に対して、「なに言っているんですか、私は商品開発なんて知らないし、できないですよ」「えっ？　意味がわかんない。制度なんて、会社の偉い人が考えるんでしょ!?」

もしこのようなスタンスだとしたら、大！　大！　大問題！　です。

部分的な不備を指摘することは簡単です。しかし、仕事を主体者として動かしていく方は、「同時多面的」であるそのつながりをすべてマネジメントする方は、つまり与党は、とても大変なのです。

たとえば、開発されたスープの具の肉が思ったよりも小さかったとしましょうか。

「え～具が小さい！　これじゃあダメだよ！」

そう言うのは簡単です。実はそれは、お客様の役割なのです。開発担当者もできれば具を大きくしたいと思っています。

しかし、これ以上大きくすると、工場のノズルを通らないので、２億円の設備投資が必要になってしまいます。また、具を大きくすると、同じグラム数だと、1食あたりの具の個数が減ってしまいます……。このような「具の大きさ」が与える他への影響を同時多面的に考え抜いた結果が、この提案している商品だったりするのです。

入社3年目だと、特に規模の比較的大きな企業で働いていると、下手すると簡単に野党の感覚になってしまいがちです。制度を作っているのは人事か何かの偉い人、商品開発をしているのは、本社のマーケッターの優秀なお兄さん、利益を出すのは直接会ったこともない経営陣……といった感じで、自分が「そちら側」に行くイメージがどうしても希薄になってしまいます。そして3年目くらいまでは、「いいから自分のことをしっかりやれ！」と言われますので、なかなか会社を「同時多面的」に「逆算」で見ることができません。

「その制度だと、〝私が〟不利になる！」

「その商品だと、〝私の〟営業が難しくなる！」

といった部分最適の、自分の視点でものごとを捉えがちです。しかし、あなたもいつかは、かならず、〝そちら側〟に行くのです。

「与党力」も「守破離」です。いままでずっと野党だった人が、そちら側に行ってから、あわてて、はじめて「与党」の仕事をしても、上手くいきません。そのことは、私がクドクド説明しなくても、日本の政治の世界で、それまで長く、野党で勇ましく批判をしていた人たちが実際に政権をとったらどんなことになったか、それを見ればよくわかるでしょう。
入社3年目から、小さな仕事でいいから、**積極的に「与党」になること**を提案します。
たとえば、「懇親会の幹事」などが、うってつけの題材になります。幹事をやってみると、〝お客さん〟スタンスの野党の人からは「ワインがないぞ！」「えっパスタがないの！」「どこでタバコを吸うの！」などと言われます。

そうです。**「文句を言われる側になる」経験をたくさんしておく**ことが、仕事力を高める上で、とても大事なのです。消費税を上げても上げなくても、原発を再稼働してもゼロにしても、必ず半分くらいの人には文句を言われ、あるいは嫌われ、恨まれるのです。文句を言う側ではなく、言われる側になったら、それがビジネスにおける成長です。もし文句を言われることが多くなったら、そんな自分をきちんとほめてあげましょう。

POINT

小さなテーマでいいから、「与党」の場数を多く踏む
文句を言う側ではなく、言われる側を早期に目指す

3 仕事とは「本当の自分」を表現する舞台である

『タイタニック』という映画があります。私は、あの映画を恋愛映画として見たことはありません。31歳のときに、究極の「自己選択」ドラマとして、自分の最大の欠点を感じながら、衝撃を持って鑑賞しました。

2000人以上の乗客に、「氷山に衝突した船が沈む」「そして、救命ボートが少ない」という出来事が起きます。そして人間は……どうしたかというと、まったく〝違う行動〟を「選択」するのです。「金の力で、救命ボートの席を買う男」がいる一方、「最後まで演奏を続けてくれる楽団員」もいました。また、「なにもしないで祈っている男」もいれば、「必死に努力するジャックとローズ」もいます。

氷山にぶつかるほんの数時間前、タイタニック号では豪華なパーティーが行われていました。このときは基本的にみな同じ、「紳士淑女」の振舞いだったのに……。

大学のサークルは、たとえればタイタニックのパーティールームです。ここでは、基本、みんな「いい人」でいることができます。しかし、仕事は……タイタニックの看板の上です。数字に追われる人、上司と部下の板挟みにあう人、クレーム対応している人……。

みんな、それぞれ追い込まれているのです。ですから、いい人でなんて、いられないかもしれません。では、パーティールームの自分と、看板の上の自分は、どちらが本当の自分なんでしょうか？　その人の「本性」「正体」は、真の自分の姿は、「看板の上」で表現された方なのです。

「皆がものすごく忙しいときに、共通の電話がなった」
「お客様の希望の金額に対して、本社がＮＯと言ってきた」
「課長と部長が、違うことを言ってきた」
「忙しい部署と部署の間に、ポテンヒットのような業務が発生した」

こんなときに、いったい自分は、何を、どんな行動を選択するのか……最初の選択は、

「自己選択」するか、「他者選択」で逃げるか、です。

「忙しいから……」「上司がこう言ったから……」「本社がそういったから……」

このように「仕方がない＝これは私の選択ではない」という選択をする人もいれば、「本社の方針に従うという『自己選択』をした」とその選択を自分で引き受ける人に別れます。

このような場面で選択した自分の姿が、自分の正体であり、本性です。余裕があるときは、人はだれでも相手の立場に立てます。「相手の立場に立とう！」とニコニコとスピーチすることができます。日ごろそんなことを言っておきながら、「忙しいときには電話はとらない」「忙しいから他部署に仕事を押しつける」という行動を選択している人を、「相手の立場に立つ人」と言うでしょうか？

たとえば、研修中にお客様から電話がかかってくることがあります。そのときが自分がなにものかを決める、決定的な瞬間です。

「お客様の電話だから、出なきゃいけないんです」

私（講師）に、こんなことを平然とおっしゃる人がいます。でも、ちょっと待ってください。「出なきゃいけない」なんていうことがあるのでしょうか？

「その電話を優先する」のか「研修を優先する」のか……選択肢は、〝仕方〟は、いくらでもあるのです。私の経験ですと、研修中にお客様から電話がかかってきたからといって、実際に１００％の人がお客様の電話を優先するわけではありません。

「私は、お客様の電話に出る方を選びます」
「私は、この研修の方を選びます」

少なくともこのどちらかは選べますし、あるいは他のいくつもの選択肢をたくさん自分で考え、その中からもっとも自分が納得するものを「自己選択」すればいいのです。

こう言っても、「そんなことを言ったって……お客様の電話ですから、出るしか『仕方がない』んです！」と主張する人がいます。そんな方には、私は、いたずらっぽくこう言います。

「本当？　もし、ここに立っているのが、私じゃなくて天皇陛下だったら『お客様の電話に出るしか仕方がない』なんて言う？」おそらくその人は、目の前に天皇陛下がいたら、そのお客様からの電話を迷わず切って、その場に残るでしょう。結局は私か、お客様か、天皇陛下かを、自分が「自己選択」しているのです。

どんなありかたを選択しても、そこは大人同士、実は、他人は何も言いません。女性と子どもを優先する救命ボートの席を大人の男性がお金で買っても、それほど非難はされないのかもしれません。

しかし、自分だけは、自分が何者であるか、１００％わかります。65歳の自分の退職パーティーのときに、そんな自分が走馬灯のように思い出されるかもしれません。

だから……「自己選択」なのです。

POINT

何気ない選択が自分を表現し、その積み重ねがキャリアになる だからこそ、悔いのない「自己選択」を常に心がける

4 キャリアのライバルは「AI」である

「HRサミット」という場で、「7つの行動原則」の講演をしたときの話です。

講演後、何名かの人事担当者の方たちが、名刺交換をしたり、質問をしたりするために、残ってくださいました。その中の一人に、霞が関の、官僚の人事の担当者がいらっしゃいました。

その講演の中で、私は「7つの行動原則」の研修プログラムを紹介し、「あなたが高級旅館の下足番になったら、どんな具体的な『価値創出』ができるか」という研修でもやっているワークを簡単に体験してもらっています。その官僚の人は、私に、こうおっしゃったのです。

「あの……先ほどの『下足番』のワークですが、『そもそも人なんか配置するのをやめて、機械化、ＩＴ化してしまえばいい』という意見には、先生はどうお答えするのでしょうか……」

これは笑えない、本質的な「問い」です。企業の経営側から考えれば、当然選択肢となる考え方です。私は１９９０年代、２０００年代に、「作業」をしていた日本の工場が、国内からどんどん海外に移転していく事例を、実際にたくさん見てきました。

「作業しかしないなら、同じことしかしないなら、より賃金の安いところに移転する」

これが、経営側のロジックです。

そしてＩＴ革命。「言われたことをやる」のなら、圧倒的に機械の方が有利です。インプットとアウトプットが関数でつなげてしまえるなら、もう人間の出番はありません。日本に残った工場も、その中身は、次々と機械化されていきました。機械は、人間のように、労働基準法もなければ、寝る時間も食事もいりません。経営側から見れば、やはりそれも当然の選択なのでしょう。

独立直後、就職支援の仕事をしていたことがあります。そのとき、ある就職支援会社の部長さんが、東北でこうつぶやかれました。

「気を使いたくないから、頭だけを使う仕事をしたい、体だけを使う仕事がしたい、と言う学生が最近多いんですよね。でも、はっきり言って、もう日本にはそんな仕事は残ってないですよ。頭も使う、体も使う、そして気を使う。この3つを全部使う覚悟がないと、日本で就職なんてできないですよね」

あれから何年かたったいまでも、その場面をよく思い出します。ものすごく頭を使う仕事でも、たとえば研究所丸ごと海外にアウトソーシングされた事例が実際にありますし、体だけ使う、つまり工場で単純な組み立てをしたいといった仕事も、残念ながら日本のような高い人件費のところを離れ、東南アジアをはじめとした海外にもっていかれてしまっています。

私も、**日本に残る仕事は、「頭」と、「体」と、そしてなんといっても「気」を同時に使う仕事だけになる**と思いますし、そもそも、AI（artificial intelligence　人工知能）ですから、「頭だけ」の仕事なんて、世界中でも人間には残されなくなるでしょう。

入社3年目のみなさんの、これからのライバルは「AI」です。ついに、与えられたインプットに対応するだけでなく、AIは自分で考え、学習し、判断までするのです。

「**人間ならではの、仕事における『価値創出』とは何なのか？**」

この問いが、これからの時代のビジネスパーソンであるみなさんに、いま突きつけられています。

この問いに対する、私のひとつの答えが、「7つの行動原則」です。**「7つの行動原則」は「頭と体と気の3つを同時多面的に使うもの」**として提案していますが、中でも、その核となるのは、「もう一歩相手のことまで考えてみる」「自部署のことだけでなく、他部署のことまで思いを馳せる」といった**「気働き」**なのです。

「メイド・イン・ジャパン」の信頼性の源泉は、ユーザーのことを「ここまで考えるか」という細部にわたる妥協なき繊細さや緻密さにあります。そのために、頭も、体も使ってきましたが、どこの国よりも〝気働き〟をしたことがもっとも大きな違いなのです（ただ、その「気働き」を違ったベクトルや過剰に発揮すると、過度な調整業務や社内政治、そして悪い意味での〝忖度《そんたく》〟〝空気を読みすぎる〟……といったマイナスにもなります）。

これからは人の頭や体だけでなく、便利さや効率だけでなく、人の気持ちを、感情を動かす、あるいは豊かにする……そのような人間ならではの価値をいかに創出できるかがカギになります。逆にこの大きな時代の流れの中に、私は大きなチャンスがあるととらえています。「気」を中心に、その3つをどこよりも同時にうまく使うことが、日本人らしさであり、私たちの「強み」であると確信しているからです。

しかし、霞が関の官僚のみなさんも、真剣に気をつけなければならないですよね。「前例を踏襲する」「豊富なデータを集めて、ロジックで判断する」ようなことは、ＡＩのもっとも得意分野のようですので。

POINT

ＩＴ、ＡＩの時代に、人がやるべき価値のある仕事とは？
その答えを出していくことが、これからの「仕事」である

5 「好きなことを仕事にする」の真の意味

仕事での挫折を経験し、その後人事部に行った私にとって、「幸せなキャリアとはなにか？」ということが、常に、自分の頭の中を巡っていた、真剣な「問い」でした。その問いに対する、数多くの自問自答、自問他答、他問他答を経て、私が手に入れたもっともシンプルな自分なりの答えは、「**好きなことを仕事にすること**」です。

いいか悪いかは別にして、親の遺産などに頼れない大多数の人は、現実、人生のかなりの時間を「仕事」に費やすことになります。その時間が自分の「好き」なことで満たされていたら、これほど幸せなことはないでしょう。

そこで、私は「好きなことを仕事にする」ということが本当に可能かどうか、自分の体を使って人体実験をすることに決めたのです。その結果……50歳のいま、「私は、好きなことを仕事にできて、本当に幸せです！」と心から言うことができます。

「好きなことを仕事にする」

ただし、このことを間違って理解している人がいますので、まずその真の意味を確認したいと思います。この短いセンテンスを、もう少し具体的にすると、

「自分が好きなこと（プロセス）」と、「価値創出（アウトプット）」との「両立」を実現する」

ということなのです。

「旅行が好き」「食べるのが好き」「おしゃれな小物に囲まれているのが好き」。みなさんも、そのような自分の「好き」がすぐに見つかるはずです。ただ、そこからが問題です。

「好きなこと」でいくらインプットしても、つまり価値を〝もらって〟も、それでは、お金はもらえない＝仕事にはならないのです。自分が旅行することによって、自分以外の誰かに、何かの「価値創出」ができれば、それを仕事にするチャンスはあります。同じく自分がおいしいものを食べることが、自分だけでなく、誰かに大きな「価値創出」となるのなら、好きなことで食べていけるでしょう（たとえばその食べる姿を見るだけでうれしいと思うファンがいたり、あなたが食べることで、そのお店の来客数が大きく伸びたり、と

いった）。

「自分の好きなこと」で「他者への価値創出」ができれば、そしてその接点が開発できれば「好きなことを仕事にする」ことが十分可能になってきます。そして私はそれこそがワクワクするキャリア開発のコアだと確信しています。

その実現のコツは、**「好きなこと」を、柔軟に考えること**にあります。

「マーケティングが好き」「食品が好き」「車が好き」などと、「職種」や「業種」で考える人が多いですが、もっと細かく、仕事の「プロセス」で考えるのです。

「ものごとをわかりやすくすることが好き」

「ユーモアを交えて、熱くかつ論理的に伝えることが好き」

「物事を体系化し、パッケージ化することが好き」

「失敗なども隠さず、正直でいることが好き」

これらは実際に「私が好き」なことの一例です。これらのプロセスがもっとも「相手の価値」になる接点は何か……現時点での私の答えは、それが、「企業研修講師」であり、「本を書くこと」なのです。

POINT

「好きで得意なプロセス」と「他者への価値創出」の両立
これが、幸せなキャリア開発のひとつの方程式である

6

競歩のキャリア

「堀田さんは、好きな仕事が実現できて、いいですね。」

「どうやったら、堀田さんみたいに、好きな仕事に出会えるのですか？」

お世辞も含めて、そんなことをおっしゃっていただくことが、ままあります。

あるとき、世界陸上を見ていて、（あぁ……私のキャリアは、「競歩」の選手のようなものだ……）ハッとそんな気づきが自分の中に降りてきました。

ここからは、何の取材もなく、私の妄想をもとに、「競歩」をひとつのメタファーとして語りますので、その点を踏まえてお読みください。

「俺には、競歩が合っている！」と小学生時代からビビッときて、競歩をやってきた選手って、ほとんどいないと思うのです（いらっしゃったら申し訳ございません）。

おそらく最初は100メートル走をやって、小学生くらいまでは敵なしだったけど中学くらいでもっと速い人に出会って、そこから1500メートルとか3000メートルとかの中距離に転向して、あるいはハードルかなんかもやってみて……そんなある日、「競歩」に出会ったのだと思うのです。ひょっとしたら、その出会いは「競歩でもやってみないか」とある日監督から言われるといった、本人にとってはとても残酷な通告だったのかもしれません。そしてやってみたら……。

もちろん、最初は、あの歩き方に、体も心も相当違和感を覚えるに違いありません。でも、陸上をやり続けるには、自分にはもうこれをやるしかないのだ……と考えてやり続けます。何キロも何百キロも何千キロも歩いているうちに、自分の体にその動きがフィットしていることがあとからわかったり、100メートル走では無理でも、その世界だったら輝けることがわかってきたりして……そして、気がついたら、世界陸上のレースに出ていた……。そんな感じではないかと、妄想するのです。

私自身は営業でキャリアをスタートし、夢だったマーケティングの仕事について、挫折しました。

「人事部　教育担当」への異動は、そこには私の意志はひとつもなく、それは私の行く末を案じた上司たちが決めてくれた、他人が決めたキャリアの進路でした。

そこで、上司の後押しもあり、「社内講師でも、やってみないか？」とチャンスをいただき、思い切ってやってみたのです。

それが、不思議なことに、いまの私の「天職」になったのでした。

「パイロットになりたい」

パイロットを経験する前に、そう思い、その夢を実現した人も、たくさんいるのだと思います。でも、大多数の人は実際に「やってみて」、それがはじめて自分に合っているのかどうか、わかったのだと思います。

イチロー選手の小学生のときの作文は有名ですよね（ネットで見れば、すぐに出てくると思います）。小学生のイチロー選手は、とても具体的に、プロ野球選手になること、その試合にお世話になった人を呼ぶこと、そしてそこまでの自分の努力を明確に描いています。

でも、それも小学生のイチロー選手が、それまでに「すでに何年も野球をやっていたから」描けたのだと思うのです。

「自分が好きなこと」が、仕事にならないパターンがもうひとつあります。それは、「もっと得意な人が、自分以外にたくさんいる」場合です。どんなに好きなことで価値創出をしたとしても、より高い価値創出をしている人が他にもたくさんいたなら、お客様には選ばれず、お金をもらうことはできません。

「自分が好きで、かつ得意なこと」

これを見つけることができるかどうかです。

「自分だって、やれば、なんでもできる」

こう考えている人は、なかなかそれに出会えないと、多くのキャリアの相談に乗ってきた経験から感じています。

目の前の仕事を一所懸命やって、そこでナンバー1を目指して……それでもなれず、世の中には上には上がいる、ということを知ることが、まずは大事なのです（こいつと同じことをやっては勝てない、どうすればもっと自分は価値が出せるのか……）。**オンリーワンの強みを見つけられる人**は、**こうしてナンバー1を目指した人**だったりするのです。

POINT

「やる前に見つける」「やればできる」という状態は危険信号
やってみて、壁にぶつかって、はじめてオンリーワンに近づく

7 他人に決めてもらうキャリアも、あり

自分のキャリアをどのように設計し、どのように実現していくのか、これほど重要なテーマも人生にはそうないと思います。ですから、少なくともここの「自己選択」だけは、しっかりと自分でグリップする必要があります。

私にとって、そのための小さな、そして大きな一歩が**「週間スケジュール」の習慣化**でした。1週間単位で自分のビジネスとライフを設計し、それを実践し、振り返り、改善する……この反復を通して、（ああ、やはり自分の人生は、自分でリードし、マネジメントするものなのだ）と、頭でなく、深く体で感じたことを覚えています。

（では、1カ月、1年、10年、100歳までは、自分はどうしたいのだろう……）

そうやって、キャリア開発の視野とレンジがそこから広がっていきました。あわせて、20

代の私は自分の仕事や人生の「主体者」ではまったくなかったという痛い事実にも、気づかされたのです……。

ということからすると、ある種真逆のような話をいまからしたいと思います。

そんな**大事な自分のキャリアですが、「他人に決めてもらうのも、あり」**だと、私は考えます。

私は18年お世話になった会社の中で、４回の異動を経験しています。その中で、自分の希望が満額でかなえられた異動がありました。それは、最初の異動です。営業から、本社のマーケティング部門の、しかも自分がやりたかった冷凍食品の部署に、つまり本当の「第一希望」の部署に行くことができたのです。その結果……わずか2年もたたないうちに、私は挫折し、休職をしてしまうのです。

その後の異動は、基本的に、私は他人にお任せしてしまいました。復職後にすぐに異動になったのが、支店の総務部門でした。私の学生時代からのキャリアビジョンの中に、「総務部」というものが視界に入ったことは一度もありません。

しかし……白状すると、とても面白く、自他ともにも「合っていた」と言えると思います。人事、経理、不動産管理、車両管理、情報システム……ヒト・モノ・カネ・情報の、営業以外の「総ての務め」がそこにありました。結果としてですが、期せずして、独立に必要なものまでも、すべて総務で学ぶことができたのです。

その次に、人生を変える、「人事部　採用・教育グループ」への異動が訪れました。40歳で独立を決め、お世話になった会社を退職することを決意しました。総務部のときの上司と、人事部の上司にごあいさつに行ったときのことです。お二人から、こんな裏話を聞いたのです。

「堀田は今後どうしたらいいか……営業でもないし、マーケティングでもないし、結構悩んだんだよ。そのときに『意外と人事部なんてどうだろう、支店の研修にもとても熱心だったし、自己変革も実践していたし、話したりするのは割とうまいから、社内講師なんかも面白いかも……』そんなことを二人で話して、人事部に決めたんだよ……」

そこまで私のキャリアを考えてくださっていたとは……本当にありがたいことです。前にも書きましたが、自分の目は、自分をほとんど見ていません。**実は自分のことが、一番わかりにくい**のです。自分にどういう仕事が合っているか、他人にどんどん聞くことは、あるいは思い切って私のように他人に決めてもらう「自己選択」をすることも、十分に「あり」だと思います。

人事部からそろそろ異動しなければ、というタイミングで、他社の人事の教育担当者の方たちと「アクションラーニング」という、いわゆる質問会議と呼ばれているチームセッションを体験する機会がありました。ひとりが自分の問題を提示し、他の3〜4名のメンバーが質問だけをして、問題解決の前に、「その問題が本当かどうか」を明確化していくのです。くじ引きか何かで、私が問題提示者になってしまいました。

「異動の時期だけど、どこに異動したいかが自分でもわかっていないこと」

私は正直に、この問題をテーブルに差し出したのです。

そこから、さまざまな質問を受けました。20分くらいたったところで、なんと「堀田さんの本当の問題はなんでしょうか？」とコーチが言うではないですか。

（自分の問題なんだから、自分が最初に提示した通りだって！）

心の中で反発していると、メンバーたちが次々に「自分から見た堀田さんの本当の問題はこれです」と提示しはじめます。数分後、私を含むメンバー全員が同意した「私の本当の問題」はこうでした。

「堀田さんの問題は、『独立したいのに、勇気がないこと』です」

自分の大事なキャリアだからといって、自分一人で考え、自分の視点で決める必要はありません。**さまざまな違う視点からのメッセージをもらい、その中から自分が納得する「自己選択」をするのも、十分に〝あり〟**です。

POINT

キャリアの「自己選択」には、他者からの客観的視点、メッセージも有効となる場合がある

8 強みとは「あたりまえ」のこと

若手のビジネスパーソンと一緒に研修をしていて感じるのは、「みなさん、自分の強みを見つけるのが苦手、というか弱みを見つけるのが大好き」ということです。

弱みを改善することはたしかに大事でしょう。やはり「7つの行動原則」のどこかから外れているのであれば、早いうちに軌道修正をすることを心より提案します。いくら原則から外れた努力を一所懸命にしていても、長期的に見れば、効果的な結果を得ることは難しいのです。

しかし、「弱みを改善し続ける毎日」はハッキリいって、面白くない人生です。自分の強みを活かす時間が長ければ長い方が、自分も楽だし、楽しいし、周囲も案外喜んでくれるものです。

「弱みを改善するのではなく、強みを活かそう」ということは、みなさんもよく聞いているし、多くの人が知っていることだと推察します。

では、「自分の強みとはなにか」ということが、大事なテーマになってきます。まずは、**「強みも弱みも、自分ではなく『相手』が、相対的に決めるもの」**ということを、再確認しましょう。

どんなに自分が話すのが上手と思っていても、ライバル含め、自分の周りにいる人がもっと話が上手かったら、相手にはそう見えていたとしたら、それは残念ながら「強み」とは言えません。大学では面白い話をする人気者も、お笑い番組のひな壇に座ったら、おそらく消されてしまうはずです。逆に言えば、周囲がみんな苦手だったら、たいして話が上手くなくても、それは強みになるかもしれません。逆算で、相手から見た自分のポジショニング（現在地）を客観的に把握できることが、キャリア開発の何より大事な資質になります。

そして、50歳の私がつくづく感じるのは、

「真の強みは、本人が強みと思っているものではなく、『あたりまえ』だと思っている物の中にある」ということです。

「俺はこれが強みだ！」とか思っているものというのは、案外強みではないものです。強く意識しているというか、どちらかというと「強みであってほしい」と願っているものだったりするのではないでしょうか。

本当の強みは、自分にとってあたりまえすぎて、だからこそ気づきにくいものなのです。

自分の強みを発見するコツは、他人を見て、（なんで、こんな簡単なことが、この人たちはできないんだろうか）とよく思ってしまうことを、丁寧に拾い上げていくことです。

自分が簡単にできることなのに、他人はなぜかうまくできない……それは、他人ができないのではなく、自分が簡単にできてしまうからではないでしょうか。そうだとしたら、これこそが、真の「強み」になります。

30代のころ、大学時代の友人と久しぶりに再会したときのことです。

「堀田は、こういう飲み会の席で、絶対にスベらないし、場を自然に盛り上げるし、適度に笑いまでとれるんだよな……」と心からうらやましそうに言われました。そのときの私は、（何言ってんだよ、そんなのあたりまえじゃないか。みんなできるだろう）とスルーしてしまいましたが、いまでは大感謝です。それはどうやら、なかなか他人ができないことであり、プロの講師としての、私のもっとも大事な「強み」なのです。

私の講師としてのもうひとつの強みは「失敗談を、恥ずかしげもなく、オープンに話せること」です（それ以前に、「たくさん失敗してきた」ということ自体が財産なのかもしれません）。

私にとって、それは何でもないことなのですが、失敗を話すこと、自己開示すること自体を躊躇する人が、結構多いのです。

「好きで、得意なことを、仕事にする」

これが人生の多くの時間を過ごすことになる仕事を楽しくするためのひとつの方程式であることは間違いないですが、「**自分があたりまえのことで、大きな価値創出をし、喜ばれる**」というキャリアもなかなか豊かでありがたいものです。自分の強みを活かしたキャリアとは、自分の「あたりまえ」のことで他者に貢献し続ける日々でもあります。それは、「これが自分の強みなんです！」「私は、ＭＢＡを取得しました！」などと力むようなものではなく、自然で、肩に力が入らない、それでいて腰の据わった調和のとれた仕事の日々だったりするのです。

POINT

自分が「あたりまえ」に感じているものこそ本当の強み
その活用に、豊かで調和のとれたキャリアのヒントがある

9

仕事の持論《マイセオリー》を持つ

日々の仕事を面白くするコツがもうひとつあります。それは、「**自分の持論《マイセオリー》を持ち、それで仕事をする**」ことです。この本が、「7つの行動原則」が目指しているのは、実はここなのです。

みなさんの会社にも「マニュアル」があると思います。そのマニュアルに従って行う仕事って楽しいでしょうか？　会社には大きな声で言えませんが、楽だしありがたいし、間違いはないかもしれませんが、正直言ってあまり面白くはないはずです。しかし、そのマニュアルで仕事をしていて、ひとりだけ面白くてしかたがない人がいます。その人の正体とは「**そのマニュアルを自分で創った人**」です。

「7つの行動原則」は、理論ではなく、堀田という一人のビジネスパーソンが創った、持論《マイセオリー》です。理論と持論の違いの説明には、神戸大学の金井壽宏教授の定義をお借りします。

実践から生まれ、実践を導いている理論＝持論
研究者が調査研究や実験・観察から生み出すもの＝理論
（出所　『リーダーシップ入門』金井壽宏著　日本経済新聞出版社刊）

「7つの行動原則」を仕事で実践していて、一番楽しいのは、私、堀田孝治であることは間違いないでしょう。

では、どうしたら、持論《マイセオリー》を持てるようになるのか……ゼロから体系化された持論を創出するのは、よほどの天才でないかぎり難しいと思います。難しいというより、効果的、効率的ではない、と言った方がいいかもしれません。

そこで、出番となるのが「守破離」という行動原則です。

まず、「これはいい」と思ったセオリーを信じて、それを守って、習慣化して、身につけます。そうしてやり続けていると、どうしても自分にフィットしてこないポイントに気づけます。そうしたら、「破る」のです。そして、いつかは、「離れて」ください。そうです。

「7つの行動原則」を離れて、「樋口の仕事の5つの作法」とか何かを、自らが確立してしまうのです。

私が提唱している**「7つの行動原則」は、実は3年目のみなさんが、守り、破り、離れて「自分の仕事の持論」を創るための、ひとつの踏み台（ジャンプ台）なのです**。ですから、やり続けて、しかし、いつまでもやり続けないでください。まずは守ることが大事です。しかし、いつかは破り、離れていかなければならないのです。

私が「7つの行動原則」をいまの形に体系化できたのは、40歳を過ぎてからです。もちろん、その土台に諸先輩方の、さまざまな「師」からの教えが「守」としてあったから、それらを守り、破れたから、完成したセオリーです。

この本を読んでいる3年目のみなさんは、仕事の持論を手に入れるのが40歳では遅すぎます。私が、仕事の原則を「7つの行動原則」に体系化してお渡ししますので、もっと早く、自分の「持論」を手に入れて、たくましく楽しく、自分のキャリアを切り拓いて行って下さい。

POINT

持論の獲得が、仕事のレベルを上げ、楽しさを増す
そのためには、他者の持論をまず守り、破り、離れる

10

「信頼」という「てこ入れ」を「自己選択」する

仕事は、勉強と違って、団体種目です。自分個人の力では、自ずと限界がある種目です。ですから、仕事を楽しんで、成果を出している人というのは、**「他者の協力を得られる人」**「他者を自分の夢に巻き込める人」なのです。ですから、入社3年目のみなさんには、一番大事な「てこ入れ」として、私は何をおいても「信頼を貯金し続ける」という地道な「てこ入れ」を強力に推薦します。

(なんで、同じことを言ったのに、あいつはOKで、オレはNGなんだよ!)

そんなセリフを見聞きしたり、あるいは言ったり、思ったりしたことはないですか？ 仕事ってなんでこうも理不尽なのか、私はそう思ったことがたくさんあります。テスト用紙の同じ欄に、一言一句同じ文字を書いたのに、あいつとオレが違う点数だなんて……。

たしかに勉強であれば、これは理不尽なこととして、十分にクレームをつける権利があります。

しかし、勉強と仕事はまったく別な種目です。仕事という種目では、それでもってまったくの「公正」ということがよくあります。言っている「内容」が同じでも、言っている人の「信頼性」が違えば、当然、人は違う対応をするからです。

たとえば、あなたが会議を招集したとします。会議に遅れてきたメンバーに、「会議は時間厳守でお願いします」と言ったとしましょう。あなた自身が、それまで、会議に遅刻していなかったら、その発言は重みを持ってメンバーに伝わるでしょう。しかし、もしあなた自身も過去、会議に遅刻を繰り返していたら、そしてその姿をメンバーたちも見ていたとしたら……（こいつ、面白いこと言うね）と一笑に付されるのがオチでしょう。

・「1週間に一度」と決まっている経費処理をやらない。
・机の上や、営業車が汚い。
・求められた提出物の期限に遅れる
・会議に2〜3分遅れる

こういうことの積み重ねが、私の20代後半の仕事を著しく難しくしてしまったことが、今ではははっきりとわかります。

実は「他者の協力を得る」「他者を自分の夢に巻き込む」方法として、「信頼」以外のもうひとつの方法があります。

きれいごとではなく、現実を言うと、「肩書（ポジションパワー）」を持ち、それを使えばいいのです。

課長になれば、命令すれば、課員は（いやいやでも）協力してくれます。部長になれば、そのパワーをちらつかせれば、部員はあなたの夢の実現のために尽力してくれるでしょう。私はそのこと自体を否定しません。自分の大きな夢を実現するために、強大なポジションパワーを持つことを目指す、そういうキャリアの選択もあっていいかもしれません。

しかし、「肩書（ポジションパワー）」というのは、結局はあなたの「外から」与えられているものにすぎません。ですから、なにかのきっかけでそれを外されてしまったら、一気にゼロに、あるいはいままでの仕返しを含めるとマイナスになってしまう、という現実があります。私は前職では広告部で課長という肩書をいただいていました。が、独立した瞬間、それはパーになります。ポジションパワーで協力してくれていた人は、当然、そのパワーを失った瞬間に去っていくことになります。

入社3年目のみなさまには、**自分の「外側」ではなく、「内側」にパワーをつけていく**ことを強く提案いたします。では、自分の内側にある、団体種目で効果を発揮するパワーの源泉とはいったい何なのでしょうか？……。私は、それは「**信頼**」だと確信しています。**仕事が楽しく、早く、成果を出している人の正体は、「信頼されている人」**です。

「説明する時間も書面もないのですが、私に任せていただけないでしょうか？」

信頼されている人は、この5秒で、「わかった、お前に任せる。好きにやれ」と言われます。一方、信頼されていない人は、30時間かけて書いたＰｌａｎでも、「Ｎｏ！」となってしまうのです。

「7つの行動原則」は「信頼の行動原則」です。

- 常にプラスαの「**価値創出**」を目指し、実践している人
- 相手の立場から「逆算」し、ゴールからきちんと段取りを「**逆算**」している人
- 「**守破離**」を実践している人、「型無し」ではなく「型破り」な人

・表面的な問題に終始するのではなく、本質的な問題に「**てこ入れ**」する人
・相手と自分、高品質で低コスト、といった違いと矛盾の「**両立**」を図っている人
・部分的な批判ではなく、「**同時多面的**」にパッケージで物事を判断する人
・野党ではなく与党を「**自己選択**」する人。自分の選択をどんな結果でも引き受ける人

7つの行動原則を体現し、実践した暁に手に入るのは、他者からの強い「信頼」です。

「信頼できる人」に、人は進んで協力し、「信頼できる人」の夢に、人は喜んで巻き込まれることを選択するのです。20代の私は、たしかに知識も、スキルも、テクニックも不足していました。しかし、本質的な問題はそこではなかったのです。私に決定的に不足していたのは、仕事をする人としての、「信頼」だったのです。

POINT

仕事という団体種目でもっとも重要なのは「信頼」であり、「7つの行動原則」は、「信頼の行動原則」である

本章のまとめ

〈ワクワクする、自分が望むキャリアを実現するために〉

・行動の前提となる「具体化力」と姿勢の前提となる「与党力」を早期に高める
・「７つの行動原則」を〝守破離〟して、仕事の「持論」を獲得する
・「好きで得意なこと」と「価値創出」の「両立」を開発する
・自分の強みを活かす。強みは、多面的なアプローチで発見する
・「信頼」を自分の中に貯蓄する。「７つの行動原則」は、「信頼」の行動原則である

おわりに

いかがでしたか？　これが25歳だった頃の私に読ませたかった本です。

実際の25歳の私は、本書で書いたようなことをまったくわからずに、霧の中で無我夢中に、自分がよかれと思った行動をし、振り返ることもせず、ひたすらに努力を重ねていきます。そして、その結果は……すでにご案内の通りです。

仕事において、努力の量やスピードは大事です。しかし、もっと大事なのは、**努力の「質」**であり、なにより**「方向性」**だったのです。

仕事で効果的な成果を得たかったら、ぜひ、「仕事という種目」に合った行動、努力をしてください。サッカーの試合で野球のように一所懸命に手を使っても、その努力は報われません。「仕事」という種目で、勉強をしても、作業をしても、その努力は残念ながら報われないのです。

ですから、まず「仕事という種目」が何かを自分なりにきちんと把握してください。そして、仕事という種目がわかったら、その種目に求められる「**行動原則**」に沿った努力をしましょう。

もちろん、スキルや知識は大事です。けれども、せっかく手に入れたそれらのアプリも、間違ったＯＳで使ってしまっては、台無しになってしまうのです。

さて、そんなことを頭ではわかっていても……「行動」しなければ、そしてそれを「習慣」にしていかなければ、現場の現実は何も変わりません。

しかし、ご安心ください。過去や他人は変えられませんが、「自分」と「未来」はいかようにも変えることができます。ですから、「**自己変革力**」を早期にマスターすることを、強く強く、おすすめします。

私が、そんな自分の間違いにやっと気づき、自己変革を始めたのは、30歳を過ぎてからでした。早いものでそれから約20年が経っています。その間、私にも色々な環境の変化がありました。支店の総務部から人事部に異動し、課長に昇格させてもらったのを機に広告部で働かせてもらいました。

そして、何といっても一番の大きな変化は、40歳で「自己選択」した「独立」でした。ではいま現在はどうかというと……おかげさまで、日曜日の夜に「月曜の朝が待ち遠しい」と思うほど、毎日好きで楽しい仕事ができる、感謝と充実の日々を過ごしています。また、昨年には長野の八ヶ岳の麓にも拠点を設け、都会と田舎との「両立」のビジネス&ライフを満喫しています。

この間、一貫して私の軸となり、支えとなってきたのが「**7つの行動原則**」です。

同じ入社3年目でも、みなさんが置かれているビジネス環境の方が、私の時代よりも、はるかにタイトで、厳しく、将来の見通しも不透明だと思います。さらに働き方改革の時代ですから、私のときのように、いざとなったら膨大な時間を使って勝負することはもう難しいですし、ＩＴとＡＩの進化と深化は、少なくとも作業を人間からすべて取り上げ、いままでの「仕事」ですら、根本から変えてしまうかもしれません。

残念ながら、みなさんには、私のように10年もの時間を回り道に使ったり、大きな失敗からリカバリーをしたり、ゼロベースから仕事の行動原則を考えたり、といったある種贅沢な時間の使い方と経験をする余地は少ないのです。

ですから、本書でご紹介した「7つの行動原則」を使って、踏み台にして、もっと効果的に成長と貢献を手に入れてください。そして、破って、離れて、もっと早く、「自分の仕事の持論」を手に入れ、楽しく逞しく、ワクワクするビジネスキャリアと人生を切り拓いて行ってください。

この本が、みなさんにとって、このような「価値創出」になっていれば、私も幸せです。もし破って、離れて、より良い「仕事の原則」が手に入ったら、ぜひ私にご一報ください。それが、私にとっても、一番うれしいニュースです！

しかし、我ながら、この「7つの行動原則」は、とてもよくできていますよ。この本は私からの挑戦状でもあります。この挑戦ぜひお受け取りください。みなさんがワクワクしたビジネスキャリアと人生を、楽しく逞しく自己選択して行かれることを期待し、祈念し、心より楽しみにしています。

2018年4月

堀田孝治

【著者紹介】

堀田孝治（KOJI HOTTA）

クリエイトＪ株式会社　代表取締役
1989年味の素株式会社に入社。営業としてキャリアをスタートし、３年目には大きな成果を挙げ、仕事ができる〝つもり〟になって本社のマーケティング部門に異動するも、挫折し、心身の調子を崩し、30歳で９カ月の休職となる。
復職後、その挫折と失敗をはじめて振り返り、失敗の本質を発見。自己変革に着手する。人事部に異動後は、持論をより専門的に磨きながら、他者にも役立てるべく、教育体系を再構築し自らも講師として研修に立つ。その後、広告部マネージャーを経て、2007年にプロの企業研修講師として独立する。
「20代の自分が受けるべきだった研修」をコンセプトに「７つの行動原則」研修プログラムを開発。するとたちまち大手企業を中心に、様々な業種、職種の企業で主に「３年目研修」として導入・定着し、2018年現在では、のべ１万人以上の若手ビジネスパーソンが「７つの行動原則」研修を受講している。2017年に八ヶ岳は原村にも拠点を設け、都会と田舎との２拠点「両立」生活を開始。自らも「７つの行動原則」を軸にした自己変革・成長の取り組みとワクワクするビジネス&ライフを実践中。著書に『生まれ変わっても、この「仕事」がしたい』（ファーストプレス）、『自分を仕事のプロフェッショナルに磨き上げる７つの行動原則』（総合法令出版）などがある。

クリエイトＪ株式会社
http://create-j.jp

入社３年目の心得

2018年５月22日　初版発行

著　者　堀田孝治
発行者　野村直克
発行所　総合法令出版株式会社
〒103-0001　東京都中央区日本橋小伝馬町15-18
ユニゾ小伝馬町ビル９階
電話 03-5623-5121（代）

印刷・製本　中央精版印刷株式会社

ISBN 978-4-86280-618-5
総合法令出版ホームページ　http://www.horei.com/

総合法令出版の好評既刊

経営・戦略

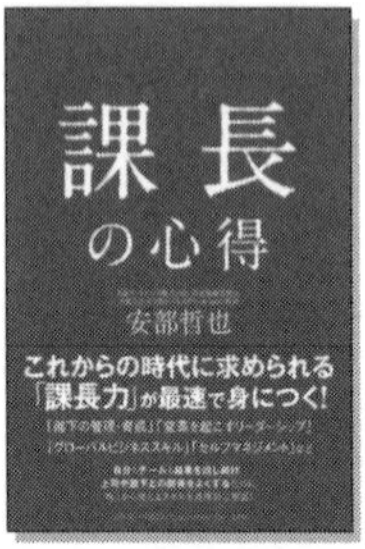

課長の心得

安部哲也 著

これからの課長に求められるスキルをわかりやすく実践的に解説。従来主要な役割だったマネジメント力に加え、時代の変化に伴い新たに求められるスキルを多数紹介し、課長の仕事のやりがいや面白さを訴える内容となっている。

定価(本体1500円+税)

取締役の心得

柳楽仁史 著

社長の「右腕」として、経営陣の一員として、企業経営の中枢を担う取締役。取締役が果たすべき役割や責任、トップ（代表取締役）との関係のあり方、取締役に求められる教養・スキルなどについて具体例を挙げながら述べていく。

定価(本体1500円+税)

経営者の心得

新 将命 著

外資系企業のトップを歴任してきた著者が、業種や規模、国境の違いを超えた、勝ち残る経営の原理原則、成功する経営者の資質を解説。ダイバーシティ（多様化）の波が押し寄せる現在、経営者が真に果たすべき役割、社員との関わり方を説く。

定価(本体1500円+税)